한동훈과의 행복한 동행

동료시민과 함께한 108일

BJ톨

108 Days Together
Han Dong-Hoon and the Fellow Citizens

TUNAMIS

I'll be BACK

"공정한 척조차 하지 않는 세력이 권력을 잡았을 때 어떻게 될지 상상해 보십시오."

"대한민국은 자율 경쟁을 통해 전체 '파이'를 키워나가는 것을 목표로 하는 자유민주주의 국가입니다."

"다 같이 더 잘 살 생각을 하는 대신 경제를 하향 평준화하려는 세력이 득세해서는 안 됩니다."

"고도 성장기에 젊은 시절을 보낸 우리 세대는 지금의 청년들처럼 삶이 힘들지 않았습니다."

"4050 세대가 소외됐다며 세대를 갈라치기 하는 정치는 해로운 정치입니다."

"범죄자 보호를 선거 목표로 삼는 것도 공정의 기본부터 무너뜨리는 행위입니다."

표지 이미지 출처_국민의힘 포토뉴스 캡처·갈무리

CONTENTS

Part 1 LET's START OVER

DAY-001 006

DAY-015 034

DAY-030 058

DAY-045 078

DAY-060 098

DAY-074 118

DAY-080 124

Part 2 LET's CAMPAIGN

DAY-094 158

DAY-101 174

DAY-106 184

He'll be Back 192

추천합니다 194

Who is BJ톨?

Part I
LET's START OVER

DAY-001 2023. 12. 26

한동훈 비상대책위원장 수락

한동훈 비대위원장

국민의힘 비상대책위원장으로서 처음 인사드립니다. 반갑습니다. 한동훈입니다. 오늘은 첫날이니, 저를 이 자리에 불러내 주신 국민의힘 동료 여러분들께 제가 어떤 생각으로 비상대책위원장의 일을 할지 말씀드리죠.

어릴 때, 곤란하고 싫었던 게 "나중에 뭐가 되고 싶으냐? 장래희망이 뭐냐?"라는 학기초마다 반복되던 질문이었습니다. 저는 정말, 뭐가 되고 싶은 게 없었거든요. 대신, 하고 싶은 게 참 많았습니다. 좋은 나라 만드는 데, 동료시민들의 삶을 좋게 만드는 데 도움이 되는 삶을 살고 싶었습니다. 지금까지 그 마음으로 살았고, 그리고 지금은 더욱 그 마음입니다.

중대범죄자가 법에 따라 처벌받는 걸 막는 게 지상 목표인 다수당이, 더욱 폭주하면서 이 나라의 현재와 미래를 망치는 것을 막아야 합니다. 그런 당을 숙주삼아 수십년간 386이 486, 586, 686이 되도록 썼던 영수증을 또 내밀며 대대손손 국민들 위에 군림하고 가르치려드는 운동권 특권정치를 청산해야 합니다.

이재명 대표의 민주당이, 운동권 특권세력과 개딸전체주의와 결탁해 자기가 살기 위해 나라를 망치는 것을

> ❝
> 좋은 나라 만드는 데, 동료시민의 삶을 좋게 만드는 데 도움이 되는 삶을 살고 싶었습니다.

> **"**
> 공포는 반응이고, 용기는 결심입니다. 국민 위에 군림하려는 운동권 특권세력과 싸울 겁니다.

막아야 합니다. 정말, 그런 세상이 와서 동료시민들이 고통받는 걸 두고 보실 겁니까? 그건 미래와 동료시민에 대한 책임감을 져버리는 일입니다. 우리가 반드시 이겨야 할, 눈앞에 닥친 명분은 선명합니다.

우리는 소수당이고, 폭주하는 다수당을 상대해야 하는 지금의 정치구도가 대단히 어려운 상황인 것은 맞습니다. 만주벌판의 독립운동가들과 다부동 전투, 인천상륙작전, 연평해전의 영웅들은, 백사장 위에 조선소를 지었던 산업화의 선각자들은, 전국의 광장에서 민주화를 열망했던 학생들과 넥타이부대들은, 어려운 상황이란 걸 알고도 물러서지 않았고, 그래서 대한민국의 불멸의 역사가 되셨습니다.

'공포는 반응이고, 용기는 결심'입니다. 이대로 가면, 지금의 이재명 민주당의 폭주와 전제를 막지 못할 수도 있다는, 상식적인 사람들이 맞이한 어려운 현실은, 우리 모두 공포를 느낄만 합니다. 그러니, 우리가 용기내기로 결심해야 합니다. 저는 용기내기로 결심했습니다. 그렇게 용기내기로 결심했다면 헌신해야 합니다. 용기와 헌신, 대한민국의 영웅들이 어려움을 이겨낸 무기였습니다. 우리가 그 무기를 다시 듭시다.

우리는 상식적인 많은 국민들을 대신해서, 이재명 대표의 민주당과, 그 뒤에 숨어 국민 위에 군림하려는 운동권 특권세력과 싸울 겁니다. 호남에서, 영남에서, 충청에서, 강원에서, 제주에서, 경기에서, 서울에서 확실히 싸울 겁니다. 그리고, 용기와 헌신으로 반드시 이길 겁니다.

DAY-001 2023. 12. 26

저는, 정교하고 박력있는 리더십이 국민의 이해와 지지를 만날 때, 나라가 발전하고, 국민의 삶이 좋아진다는 확신을 가지고 있습니다. 이재명 대표와 개딸전체주의, 운동권 특권세력의 폭주를 막는다는 것은 우리가 이겨야 할 절박한 이유이긴 하지만, 그것만이 우리가 이겨야 할, 우리 정치와 리더십의 목표일 수는 없습니다. 산업화와 민주화를 동시에 이루어낸 위대한 대한민국과 동료시민들은 그것보다 훨씬 나은 정치를 가질 자격이 있는 분들이기 때문입니다.

인구재앙이라는 정해진 미래에 대비한 정교한 정책, 범죄와 재난으로부터 시민을 든든하게 보호하는 정책, 진영과 무관하게 서민과 약자를 돕는 정책, 안보, 경제, 기술이 융합하는 시대에 과학기술과 산업 혁신을 가속화하는 정책, 자본시장이 민간의 자율과 창의, 경제발전을 견인하게 하면서도 투자자 보호에 빈틈없는 정책, 넓고 깊은 한미공조 등 세계질서 속에 국익을 지키는 정책, 명분과 실리를 모두 갖는 원칙 있는 대북정책, 기후변화에 대한 균형 있는 대응정책, 청년의 삶을 청년의 입장에서 나아지게 하는 정책, 어르신들을 공경하는 정책, 지역 경제를 부양하는 정책, 국민 모두의 생활의 편의를 개선하는 정책 등을 국민들께 보여드려야 합니다. 우리는 지금 비록 소수당이지만 대선에서 기적적으로 승리하여 대통령을 보유한, 정책의 집행을 맡은 정부 여당입니다. 정부 여당인 우리의 정책은 곧 실천이지만, 야당인 민주당의 정책은 실천이 보장되지 않는 약속일 뿐입니다. 그건 굉장히 큰 차이입니다. 그 차이를 십분 활용합시다. 정교하고 박력있게 준비된 정책을 국민께 설명하고 즉각 실천해야 합니다. 그

> ❝ 우리는 지금 비록 소수당이지만 대선에서 기적적으로 승리하여 대통령을 보유한, 정책의 집행을 맡은 정부 여당입니다.

> **"**
> 초현실적인 민주당인데도 왜 국민
> 의힘이 압도하지 못하는지, 함께 냉
> 정하게 반성합시다.

것이 국민들이 대선에서 우리를 뽑아주실 이유입니다.

상대가, 당대표가 일주일에 세 번, 네 번씩 중대범죄로 형사재판 받는, 초현실적인 민주당인데도 왜 국민의힘이 압도하지 못하는지, 함께 냉정하게 반성합시다. 국민의힘이 잘 해 왔고, 잘 하고 있는데도 억울하게 뒤지고 있는 거, 절대 아닙니다. 우리 이제, 무기력 속에 안주하지 맙시다, 계산하고 몸사리지 맙시다, 국민들께서 합리적인 비판을 하시면 미루지 말고 바로바로 반응하고 바꿉시다. 이제 정말, 달라질 거라 약속드리고, 바로바로 보여드립시다.

운동권 특권정치를 청산하라는 강력한 시대정신은, 우리가 운동권 특권정치를 비판하는 것만으로는 실현될 수 없고, 바로 우리가 그 운동권 특권정치를 대체할 실력과 자세를 갖춘 사람들이라고 공동체와 동료시민들을 설득할 수 있을 때 비로소 실현될 수 있습니다.

최근 언론 보도나 정치인들 사이에 공개적으로 주고받는 말들을 통해 정치를 보면, 정치가 게임과 다를 게 없는 것처럼 착각하기 쉽습니다. 마치, 누가 이기는지가 전부인 것 처럼 보이기 때문입니다. 그러나, 게임과 달리, 정치는 '누가 이기는지' 못지 않게, '왜 이겨야하는지'가 본질이기 때문에 그 둘은 전혀 다릅니다. 우리가 왜 이겨야 하는지,' '이겼을 때 동료시민과 이 나라가 어떻게 좋아지는지'에 대한 명분과 희망이 없다면, 정치는 게임과 똑같거나, 정치인의 출세수단일 뿐입니다. 정작 주권자 국민은 주인공이 아니라 입장료 내는 구경꾼으로 전락하게 될 겁니다. 분명히 말씀

DAY-001 2023. 12. 26

드립니다. 우리는 미래를 정교하게 준비하기 위해서, 이 위대한 나라와 동료시민에 대한 책임을 다하기 위해서 이기려는 겁니다.

정치인은 국민의 공복이지 국민 그 자체가 아닙니다. '국민의 대표이니 우리에게 잘해라'가 아니라 '국민의 공복이니 우리가 누구에게든 더 잘해야' 합니다. 무릎을 굽히고 낮은 자세로 국민만 바라봅시다. 정치인이나 진영의 이익보다 국민이 먼저입니다. 선당후사라는 말을 많이 하지만, 저는 선당후사 안해도 된다고 생각합니다. 대신, '선민후사'해야 합니다. 분명히 다짐합시다. '국민의힘'보다도 '국민'이 우선입니다.

오늘 저는 국민의힘의 비상대책 위원장으로서 정치를 시작하면서, 저부터 '선민후사'를 실천하겠습니다. 어려운 상황에서, 미래와 동료시민에 대한 강한 책임감을 느끼기 때문입니다.

저는 지역구에 출마하지 않겠습니다, 비례대표로도 출마하지 않겠습니다, 오직 동료시민과 이 나라의 미래만 생각하면서 승리를 위해서 용기있게 헌신하겠습니다. 저는 승리를 위해 뭐든지 다 할 것이지만, 제가 그 승리의 과실을 가져가지는 않겠습니다.

대한민국 헌법은 자유민주주의를 기본으로 하고, 국민의힘은, 바로 그 자유민주주의 정당입니다. 자유민주주의 국가는 절차적 민주주의를 지키면서, 공정한

> " 저는 지역구에 출마하지 않겠습니다. 오직 동료시민과 이 나라의 미래만 생각하면서 승리를 위해서 용기있게 헌신하겠습니다.

> 66
> 저는 승리를 위해 뭐든지 다 할 것이
> 지만, 제가 그 승리의 과실을 가져가
> 지는 않겠습니다. 함께 가면 길이 됩
> 니다. 우리 같이 가 봅시다.

경쟁을 보장하고 경쟁의 문턱을 낮춰 경쟁에 참여하는 것을 권장해야 합니다. 그 과정에서, 차별없이 경쟁의 룰이 지켜질 거라는 확고한 믿음을 드려야 합니다. 동시에, 경쟁에서 이기지 못한 사람들, 경쟁에 나서고 싶지 않은 사람들도 인간다운 삶을 살 수 있도록 철저하게 보장해야 합니다.

국민의힘은, 자유민주주의에 대한 선의만 있다면, 다양한 생각을 가진 사람들이 되도록 많이 모일 때, 비로소 강해지고 유능해지고, 그래서 국민의 삶을 나아지게 할 수 있는 정당입니다. 국민의힘은 다양한 생각을 가진, 국민께 헌신할, 신뢰할 수 있는, 실력있는 분들을 국민들께서 선택하실 수 있도록 하겠습니다. 공직을 방탄수단으로 생각하지 않는 분들, 특권의식 없는 분들만을 국민들께 제시하겠습니다. 우선, 우리 당은 국회의원 불체포특권을 포기하기로 약속하시는 분들만 공천할 것이고, 그럴 일은 없겠지만 나중에 약속을 어기는 분들은 즉시 출당 등 강력히 조치하겠습니다. 우리는 이재명 대표의 민주당과 확실히 달라야 하지 않겠습니까?

여러분, 동료시민과 공동체의 미래를 위한 빛나는 승리를 가져다줄 사람과 때를 기다리고 계십니까? 우리 모두가 바로 그 사람들이고, 지금이 바로 그때입니다.

함께 가면 길이 됩니다. 우리 한번, 같이 가 봅시다. 고맙습니다.

DAY-003 2023. 12. 28

한동훈호 비대위원 인선 공개

28일 공개된 '한동훈 비상대책위원회'의 평균 나이는 43세. 이 위원회에는 김예지(43) 의원을 포함한 8명의 지명직 위원 중 7명은 정치인이 아니며, 그중 6명은 1970년대 이후 태어났다. 1973년생 비정치인 출신 한 위원장을 중심으로, 789세대 세대교체의 시작이라는 평가가 나오고 있다.

국민의힘은 시각장애인 피아니스트 출신인 김 의원, 민경우(58) 민경우수학연구소장, 김경율(54) 경제민주주의21 공동대표, 구자룡(45) 변호사, 장서정(45) 돌봄서비스 통합플랫폼 대표, 한지아(45) 의정부 을지대병원 재활의학과 교수, 박은식(39) 호남대안포럼 대표, 윤도현(21) 자립준비청년 지원 대표 등을 비대위원으로 임명했다. 또한 윤재옥 원내대표와 유의동 정책위의장이 당연직으로 참여한다. 지명직 비대위원의 평균 나이는 43세이며, 민경우 소장과 김경율 대표를 제외한 모든 위원이 1970년대 이후 출생했다. 이들 중 1970년대생은 3명, 1980년대생은 2명이며, 윤도현 대표는 2002년생이다.

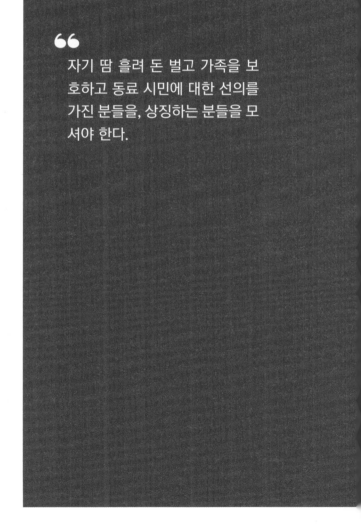

> 66
> 자기 땀 흘려 돈 벌고 가족을 보호하고 동료 시민에 대한 선의를 가진 분들을, 상징하는 분들을 모셔야 한다.

국민의힘은 시각장애인 피아니스트 출신인 김 의원, 민경우(58) 민경우수학연구소장, 김
경율(54) 경제민주주의21 공동대표, 구자룡(45) 변호사, 장서정(45) 돌봄서비스 통합플랫
폼 대표, 한지아(45) 의정부 을지대병원 재활의학과 교수, 박은식(39) 호남대안포럼 대표,
윤도현(21) 자립준비청년 지원 대표 등을 비대위원으로 임명했다.

DAY-004 2023.12.29

김진표 국회의장 예방
(국회 본관 국회의장실)

故 정의채(바오로) 몬시뇰 조문
(명동대성당 지하성당)

한오섭 대통령실 정무수석 접견
(국회 본관 비대위원장실)

이재명 더불어민주당 대표 예방
(국회 본관 더불어민주당 대표회의실)

29일, 국민의힘 한동훈 비상대책위원장이 고(故)정의채 몬시뇰 신부의 빈소에서 조문을 올렸다. 이날 오전 10시 30분경, 한 위원장은 윤재옥 원내대표와 함께 김형동, 박정하, 정희용, 최형두 등 국민의힘 소속 의원들과 서울 중구에 위치한 명동대성당 지하성당을 방문했다. 조문 후 한 위원장은 최광희 신부와 인사를 나누며, 고 정의채 신부의 저서를 언급하며, "천년대를 이끌어갈 주제, 인류가 지향해야 할 공영 공생 공존의 가치가 담긴 말씀이 마음에 깊이 와 닿았다"고 회고했다. 그는 고인을 '시대를 아우르는 위대한 인물'로 기렸다.

검은 복장으로 성당에 들어선 한 위원장은 입구에서 방명록을 작성하고 고인이 안치된 유리관 앞에서 고개를 숙여 약 2분간 조문을 했다. 조문을 마친 후 그는 신부들과 인사를 나눈 뒤, 취재진에게 별도의 언급 없이 현장을 떠났다. BJ톨은 이때부터 비대위원장의 외부일정의 밀착취재를 개시했다.

> **"**
> 천년대를 이끌어갈 주제,
> 인류가 지향해야 할 공영
> 공생 공존의 가치가 담긴 말씀이
> 마음에 깊이 와 닿았다.

66

여당을 이끌고 있는 사람이지만, 충돌이 없을 수 없는 시기이지만, 공통점
을 잘 찾고 대화와 타협의 정신을 더 배우겠습니다.

김진표 국회의장과 회동하며

DAY-007 2024. 01. 01

2024 국민의힘 신년 현충원 참배
(국립서울현충원 | 서울 동작구 현충로 210)

2024 국민의힘 신년인사회
(서울 영등포구 국회대로74길 12 | 중앙당사 3층 강당)

한동훈 국민의힘 비상대책위원장이 새해 첫날인 1일 서울 국립서울현충원에서 참배하며 새해 일정을 시작했다. 이후, 한 위원장은 당의 신년인사회에 참석해 4월 총선에서의 승리를 다짐했다. 그는 이 자리에서 윤재옥 원내대표, 유의동 정책위의장, 장동혁 사무총장과 회동했다.

이어진 2일부터는 전국을 돌며 지지층 결집과 외연 확장을 위한 본격적인 활동을 펼친다. 첫날에는 대전 현충원을 참배하고 대전시당 신년인사회에 참석한 뒤, 보수의 텃밭인 대구의 엑스코에서 대구시당과 경북도당 합동 신년인사회에도 참석할 예정이다. 아울러 3일에는 윤석열 대통령 주재의 청와대 영빈관 신년인사회에 참석하는 한 위원장은 이 자리에서 처음으로 대통령과 공식석상에서 만난다. 반면, 이재명 더불어민주당대표는 대통령의 쌍특검법 거부권 행사를 이유로 참석을 고민 중이다.

한 위원장의 이 같은 강행군은 그가 내놓을 메시지에 대한 주목을 받게 만들며, 지역별 지지층 결집과 외연 확장을 통한 통합의 메시지를 강조할 것으로 예상된다. 이전 취임식에서 한 위원장은 전국적으로 운동권 특권세력에 맞서 싸울 것임을 밝힌 바 있다.

> 66
> 동료시민들과 함께 미래를 만들어 가겠습니다.
>
> 한동훈 비대위원장 현충원 참배 방명록

현장 스케치_새해 현충원 방문하여 전직 대통령 묘소 참배. 박정희 대통령 묘소에서 역대 그 어떤 정치인과는 달리 박 대통령 한 번, 육영수 여사 한 번 두 번을 90도로 참배했으며 아울러 농지개혁을 높이 평가한 그는 이승만 대통령 묘소도 참배했다.

DAY-008 2024. 01. 02

국립대전현충원 참배
(국립대전현충원 | 대전광역시 유성구 현충원로 251)

대전시당 신년인사회
(DCC대전컨벤션센터 제1전시관 중회의장)

2024 국민의힘 대구·경북 신년인사회
(엑스코 서관 325호 | 대구광역시 북구 엑스코로 10)

**매일신문 주최, 2024 대구·경북 신년
교례회** (호텔수성 3층 컨벤션홀)

> 66
> 대구와 경북은 우리 당과 자유민주
> 주의를 지킬 때 어려움에 처했을 때
> 우리를 지지해준 중요한 터전

1월 2일, 한동훈 국민의힘 비상대책위원장이 대전시당 신년인사회를 마친 뒤 오후 3시에 대구 국립신암선열공원에서 참배하고 이어 대구 엑스코에서 열린 대구경북 신년인사회에 참석했다.

행사가 시작되기 전부터 엑스코 내외부는 총선 출마 예정자, 당직자, 지지자들로 북적였다. 한동훈 위원장이 등장하자마자 지지자들은 그의 이름을 외치며 환호했고, 그는 응답하듯 의자에 서서 손을 흔들며 인사했다.

이 자리에서 한 위원장은 대구와 경북에 대한 강한 애정을 드러냈다. 그는 "많은 이들이 저에게 정치를 시작하면서 '국민의힘은 대구·경북에만 몰두하거나 정체되어서는 안 된다'고 조언합니다. 하지만 저는 그런 견해에 동의하지 않습니다. 대구와 경북은 우리 당과 자유민주주의를 지킬 때 어려움에 처했을 때 우리를 지지해준 중요한 터전입니다. 대구경북에서의 지지

한동훈 비상대책위원장은 대구광역시에 위치한 엑스코를 방문하여 '2024 국민의힘 대구·경북 신년인사회'에 참석을 하여 당원들과 인사를 나누었다.

DAY-008 2024. 01. 02

와 응원은 저에게 큰 감사의 대상이며, 우리 당은 이를 자랑스럽게 여겨야 한다고 생각합니다"라고 말했다.

또한, 그는 자신의 정치 시작에 대한 에피소드를 공유했다. "정치를 시작하기로 결정하기 전, 작년 11월 17일 대구 방문 중 남문시장에서 납작만두를 먹고, 동대구역에서 대구 시민들과 군인, 직장인들과 대화하며 정치를 하기로 결심했습니다. 그렇기 때문에 대구는 저의 정치적 출생지와 같습니다. 여러분의 든든한 응원에 감사드리며, 대구와 경북의 동지들과 함께 길을 만들어 나가겠습니다. 함께하면 길이 됩니다. 초심이 흔들릴 때면 그날 만난 동대구의 시민들을 떠올릴 것입니다"라고 강조했다.

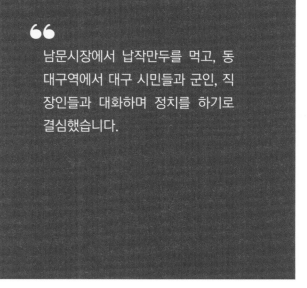

> 남문시장에서 납작만두를 먹고, 동대구역에서 대구 시민들과 군인, 직장인들과 대화하며 정치를 하기로 결심했습니다.

"

많은 이들이 저에게 정치를 시작하면서 '국민의힘은 대구·경북에만 몰두하거나 정체되어
서는 안 된다'고 조언합니다. 하지만 저는 그런 견해에 동의하지 않습니다.

DAY-009 2024. 01. 03

2024 갑진년 신년인사회
(청와대 영빈관 | 서울 종로구 청와대로 1)

비상대책위원회의
(국회 본관 228호)

김호일 대한노인회장 예방
(대한노인회 3층 | 서울 용산구 임정로 54)

한동훈 국민의힘 비상대책위원장이 서울 용산구 소재 대한노인회를 방문하여 민경우 전 비대위원의 논란이 된 '노인 비하' 발언에 대해 공식 사과했다.

이 자리에는 국민의힘의 한 위원장, 장동혁 사무총장, 김형동 대표 비서실장, 김예령 대변인 등이 함께했고 대한노인회에서는 김호일 회장, 최창환과 홍광식 부회장, 황수연과 김성보 선임이사가 참석했다.

한 위원장은 "우리 당은 어르신들을 존경하고, 그렇게 해야 마땅하다고 생각합니다. 앞으로도 더욱 그러하겠습니다"라고 말하며, "당의 출범 과정에서 의도치 않게 마음을 상하게 한 모든 일에 대해 제가 책임지겠습니다. 진심으로 사과드립니다"라고 머리를 숙였다.

민 전 위원은 지난해 10월 유튜브 방송에서 "노인들이 너무 오래 산다는 것이 현대 사회의 큰 비극"이라며 불필요한 논란을 일으킨 바 있어, 이 발언이 알려

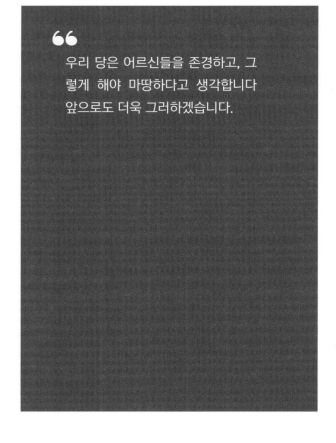

> ❝
> 우리 당은 어르신들을 존경하고, 그렇게 해야 마땅하다고 생각합니다 앞으로도 더욱 그러하겠습니다.

"

당의 출범 과정에서 의도치 않게 마음을 상하게 한 모든 일에 대해 제가 책임지겠습니다.
진심으로 사과드립니다.

출처_뉴스1 캡처·갈무리

DAY-009 2024. 01. 03

진 후 하루 만에 사임했다. 이에 대해 김 회장은 "한 강의 기적을 이루고 경제대국을 세운 노인들에게 감사를 표해야 할 상황에서, 그들이 빨리 죽기를 바란 다고 말하는 것은 받아들일 수 없다. 어떻게 그런 사람을 선택할 수 있었나"라고 지적하며, "인사 검증 과정이 매우 부족했다"고 지적했다.

한 위원장은 이에 대해 "진심으로 사과드립니다. 앞으로 우리 당원 모두가 더욱 신중하게 말하고 행동하며, 어르신들을 공경하는 마음을 지속적으로 실천하겠습니다. 지켜봐 주시기 바랍니다"라고 약속했다.

한 위원장은 또한 "당이 외부 단체를 방문하는 것은 오늘 처음인데, 대한노인회가 그 첫 방문지가 된 것에 큰 의미를 두고 싶다"고 덧붙였다.

비공개로 진행된 회동에서 김 회장은 대한노인회법 통과, 노인교육연수원 신축 지원, 어버이날과 노인의 날 기념식에 대통령의 참석 및 축사, 노인 무임승차 허용 등을 요청했으며, 한 위원장은 이를 청취하는 입장에서 경청했다고 김예령 대변인이 전했다.

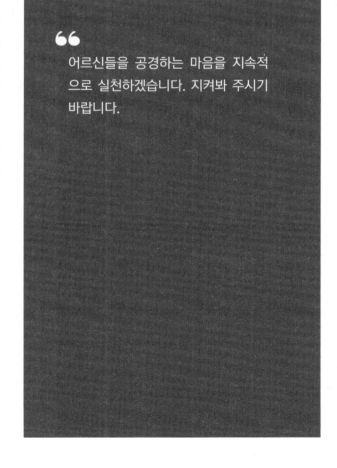

66
어르신들을 공경하는 마음을 지속적으로 실천하겠습니다. 지켜봐 주시기 바랍니다.

현장 스케치_경기도당에서 한동훈 비대위원장을 기다리는 사람들

66

당이 외부 단체를 방문하는 것은 오늘 처음인데, 대한노인회가 그 첫 방문지가 된 것에 큰
의미를 두고 싶다.

DAY-010 2024. 01. 04

광주학생독립운동기념탑 참배
(광주제일고 광주학생독립운동기념탑)

국립5·18민주묘지 참배
(국립5·18민주묘지 | 광주 북구 민주로 200)

광주시당 신년인사회
(김대중컨벤션센터 | 광주 서구 상무누리로 30)

충북도당 신년인사회
(청주장애인스포츠센터)

1월 4일, 한동훈 국민의힘 비상대책위원장이 광주 방문에서 5·18 민주화운동의 정신을 헌법 전문에 포함시키기 위한 지지 입장을 강하게 표명했다.

이날 한 위원장은 국립 5·18 민주묘지를 참배한 뒤 기자회견에서 "5월 광주의 정신은 민주주의를 지키려 한 투쟁의 상징"이라며 적극적인 지지를 선언했다. 이는 윤석열 대통령이 대선 후보 시절에도 약속한 바 있는 내용이다.

한 위원장은 "5·18 정신을 우리 헌법 전문에 포함시키면, 헌법의 가치가 더욱 깊어지고 명확해질 것"이라고 평가하며, 이 정신이 우리 헌법과 일치한다고 덧붙였다.

민주묘역 방명록에는 "광주 시민의 민주주의를 위한 위대한 헌신에 경의를 표하며, 그 뜻을 기리고 동료시민들과 함께 미래를 열겠다"고 적었다.

> 66
> 광주 시민의 민주주의를 위한 위대한 헌신에 경의를 표하며, 그 뜻을 기리고 동료 시민들과 함께 미래를 열겠다.

이어 김대중컨벤션센터에서 열린 광주시당 신년 인사회에 참석한 한 위원장은 호남 지역에 대한 깊은 애정과 진심을 강조했고, "광주와 호남에서의 승리가 우리 당뿐만 아니라 대한민국 정치에 큰 의미를 가질 것"이라고 발언했다.

광주 일정을 마친 후, 한 위원장은 청주로 이동해 충북도당 신년인사회에 참석했다. 그곳에서 그는 "충북의 지지가 대한민국의 마음을 얻는 것과 같다"며, 충북민의 기대에 부응하는 정책을 약속했다. 한 위원장은 이날 900여명의 도당 당직자 및 총선 예비 후보자들 앞에서 단상에 올라 큰절을 하며 감사의 인사를 전하기도 했다.

현장 스케치_충북도당 신년인사회 리허설 풍경

> 66
> 광주와 호남에서의 승리가 우리 당뿐 아니라 대한민국 정치에 큰 의미를 가질 것입니다.

DAY-011 2024. 01. 05

2024 국민의힘 사무처당직자 시무식
(중앙당사 3층 강당)

경기도당 신년인사회
(경기도당 5층 강당 | 경기 수원시 장안구 정조로)

5일, 한동훈 국민의힘 비상대책위원장은 경기도 수원에서 열린 국민의힘 경기도당 신년인사회에 참석하여, 4·10 총선에서 수도권 승리를 선언하며 강한 의지를 표현했다.

한 위원장은 "경기도가 대한민국의 축소판이라 할 수 있을 만큼 경제적으로 중요하고 인구가 밀집해 있습니다"라며, "경기도민 1400만 명을 설득해 우리 당을 선택해 주시면 현재 더불어민주당의 독주를 저지하고 이 나라의 안정과 번영을 이룰 수 있습니다"라고 밝혔다. 경기도는 59개 선거구를 갖고 있으며, 다가오는 총선에서 60석으로 확대될 예정. 지난 총선에서는 민주당이 대부분 의석을 차지하며 여권에 불리한 지역으로 여겨졌으나, 국민의힘은 지금도 여론조사에서 민주당에 뒤쳐져 있다.

한 위원장은 이어 "집권 여당으로서의 이점을 다시 한 번 강조합니다. 경기도민 여러분, 저희의 약속은 실천

> ❝
> 현실적인 정책을 제시하고 이를 신속하게 실행하겠다고 약속드립니다.

으로 이어질 것입니다. 야당의 정책과는 달리, 실제로 실행력을 갖추고 있습니다"라고 말하며, "현실적인 정책을 제시하고 이를 신속하게 실행하겠다고 약속드립니다"라고 덧붙였다.

특히 교통 문제에 초점을 맞춰, "경기도는 변화가 많은 지역이며, 특히 교통 문제 해결에 우리의 정책이 큰 영향을 미칠 것"이라고 강조했다. 한 위원장은 김포-서울 편입과 같은 '메가시티 프로젝트'를 언급하며 해당 계획을 더욱 발전시키겠다고 밝혔다.

현장 스케치_ 두 아이를 데려온 한 여성은 한동훈 위원장과 사진을 찍은 후 "소원을 풀었다"고 화답했다.

66

경기도가 대한민국의 축소판이라 할 수 있을 만큼 경제적으로 중요하고 인구가 밀집해 있습니다. 경기도민 1400만 명을 설득해 우리 당을 선택해 주시면 현재 더불어민주당의 독주를 저지하고 이 나라의 안정과 번영을 이룰 수 있습니다.

DAY-012 2024. 01. 06

김대중 대통령 탄생 100주년 기념식
(킨텍스 제1전시장 1층 5A홀)

한동훈 비대위원장

안녕하세요 국민의힘 비상대책위원장 한동훈입니다. 저는 여당인 국민의힘을 대표해서 이 자리에 온 것이기도 하지만 김대중 대통령님의 시대를 살았던 시민의 한 사람으로서 온 것이기도 합니다. 저는 90년대에 대학을 다녔습니다. 그때 김대중 대통령님의 새 정부가 미증유의 경제 위기 속에서 출발했었습니다. 나라의 존망을 걱정할 정도로 어려운 여건에도 불구하고 김 대통령님께서는 특유의 뚝심과 지혜로 사람들의 마음을 한데로 모아서 위기를 극복하셨습니다. 당시 저희 집에서도 금 모으기 운동에 길게 줄을 서서 동참했었는데 지역과 진영에 상관없이 정말 이 나라가 하나가 되는 굉장한 경험이었던 것 같습니다. 지금 이 나라에 꼭 필요한 화합과 공감의 경험을 그때 김대중 대통령님께서 모든 국민들과 함께 해내셨습니다.

우리 국민의힘은 그리고 저는 바로 그 마음으로 호남에서도 영남에서도 지금보다도 훨씬 더 열심히 하겠습니다. 지금 김대중 전 대통령님께서 계셨다면 꼭 그렇게 하라고 말씀하셨을 거라 생각합니다.

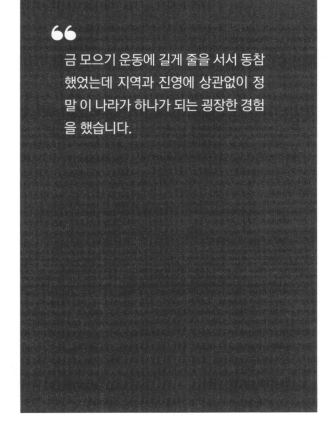

" 금 모으기 운동에 길게 줄을 서서 동참했었는데 지역과 진영에 상관없이 정말 이 나라가 하나가 되는 굉장한 경험을 했습니다.

김대중 대통령께서 계셨기에 이 위대한 나라가 더 자유로워지고 더 평등해졌다고 생각합니다. 인생은 아름답고 역사는 발전할 것입니다. 고맙습니다.

현장 스케치_ 한동훈 위원장의 비서가 급당황한 이유는?

한동훈 비상대책위원장이 정책 제안을 직접 청취하며 고령 시민들의 목소리에 직접 귀를 기울인 사례가 알려졌다. 최근 한 어르신이 제안한 정책에 대해 보좌진이 별도로 처리하려 했으나, 한 위원장은 이를 한사코 물리치며 직접 듣겠다고 했다. "아니다. 같이 듣자," 한 위원장은 이렇게 말하며 어르신의 의견을 경청했다.

그러고는 "잘 들었습니다. 한번 검토하겠습니다. 건강하십시오. 좋은 말씀 고맙습니다"라고 말하며 감사의 뜻을 표했다. 이 같은 태도는 여느 정치인과는 다른 면모를 보여주며, 성숙함과 배려 깊은 인성을 드러낸다. 그의 리더십 아래에서 더욱 포용적이고 공감 능력이 높은 사회가 기대된다.

66

김대중 대통령께서 계셨기에 이 위대한 나라가 더 자유로워지고 더 평등해졌다고 생각합니다. 인생은 아름답고 역사는 발전할 것입니다.

DAY-014 2024. 01. 08

비상대책위원회의
(국회 본관 228호)

인재영입위원회 입당 및 영입환영식
(국회 본관 228호)

강원도당 신년인사회
(원주 인터불고호텔 1층 컨벤션홀)

5선 의원 이상민(대전 유성을)이 더불어민주당을 떠나 국민의힘에 공식 입당했다. 이 입당식은 8일 오전 국회에서 열린 국민의힘 비상대책위원회 회의에서 이루어졌다.

한동훈 비대위원장이 직접 이 의원의 휠체어를 밀며 입장하는 모습이 인상적이었는데 이 의원은 국민의힘의 상징색인 붉은색 넥타이를 매고 참석했다.

이 의원은 입당 소감을 통해 "호랑이를 잡기 위해 호랑이 굴로 들어간다는 각오로 입당했다"며, "신학기를 시작하는 학생처럼 설렘과 큰 꿈을 안고 왔다"고 밝혔다. 그는 또한 "국민의힘에서는 좋은 성적과 칭찬, 상을 받을 수 있는 환경이 마련될 것"이라고 덧붙였다.

이 의원은 더불어민주당의 문제점을 지적하며 "민주당이 여소야대 정국에서 정치 발목잡기를 일삼고 있으며, 방패 역할만 하고 있다"고 비판했습니다. 그는 특히

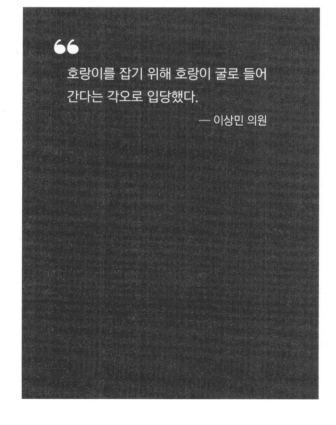

> ❝
> 호랑이를 잡기 위해 호랑이 굴로 들어간다는 각오로 입당했다.
>
> — 이상민 의원

"민주당은 차별금지법 같은 진보적 법안에도 부정적인 태도를 보이고 있다"며 이 점을 지적했다. 이 의원은 국민의힘에서 평등법을 비롯한 다양한 이슈를 논의하고, 모든 인간의 존엄과 평등을 위한 노력을 이어나가겠다고 밝혔다.

한동훈 위원장은 이 의원의 결정에 대해 "자신의 진영에 맞서는 것은 큰 용기가 필요한 일"이라며 이 의원의 용기와 고뇌를 높이 평가했다. 또한 "이 의원의 가입으로 우리 당이 더 강해졌다고 생각한다"며 그의 경륜을 통해 국민의힘과 국가의 미래에 긍정적인 변화가 있을 것이라고 기대감을 표현했다.

> 66
> 민주당이 여소야대 정국에서 정치 발목잡기를 일삼고 있으며, 방패 역할만 하고 있다. 민주당은 진보적 법안에도 부정적인 태도를 보이고 있다. 국민의힘에서 평등법을 비롯한 다양한 이슈를 논의하고, 모든 인간의 존엄과 평등을 위한 노력을 이어나가겠다.

DAY-015 2024. 01. 09

대한불교천태종 총무원장 덕수 스님 예방
(충북 단양군 영춘면 구인사길 73)

상월원각대조사 탄신 112주년 봉축법회
(충북 단양군 영춘면 구인사길 73)

한동훈 국민의힘 비상대책위원장이 충북 단양에 위치한 천태종의 총본산 구인사를 방문하여 법회에서 축사를 전했다. 이 자리에서 한 위원장은 구인사와 천태종의 선한 영향력이 사회에 더 널리 퍼져 공동체 의식을 강화하기를 희망했다고 밝혔다. 방문 도중, 한 위원장은 천태종 총무원장 덕수 스님과 깊은 대화를 나누었으며, 상월원각대조사의 탄신 112주년을 기념하는 봉축 법회에 참석해 축하의 말을 전했다.

법회에는 황상무 대통령비서실 시민사회수석, 국회의원 엄태영, 충북도지사 김영환, 비대위원장 비서실장 김형동, 대변인 김예령 등 여러 관계자들이 함께 했다. 한 위원장은 "상월원각대조사님은 애국불교, 생활불교, 대중불교의 세 가지를 주요 지표로 삼아 새로운 불교 운동을 이끌었다"고 말하며, "많은 이들이 부처님의 자비와 가르침을 통해 내면의 평화를 찾을 수 있도록 노력했다"고 덧붙였다.

이어 그는 "대조사님의 탄생 112주년을 맞아 배려와 존중의 정신이 대한민국 곳곳에 퍼져나가기를 바란다"고

> **❝**
> 상월원각대조사님은 애국불교, 생활불교, 대중불교의 세 가지를 주요 지표로 삼아 새로운 불교 운동을 이끌었습니다.

말하며, "국민의힘도 대조사님의 깊은 뜻을 받들어 대한민국의 미래를 위해 노력할 것"이라고 강조했다. 또한, 한 위원장은 구인사가 새만금 잼버리 당시 힘든 상황에서 대원들을 지원한 일을 언급하며, "이곳이 지난 여름 그러한 모습이었다"고 회상했다. 그는 "1500여 명의 외국 대원들이 이곳에서 3박 4일 동안 다양한 프로그램을 즐겼다"고 설명했다. 축사를 마치며 한 위원장은 "천태종과 구인사가 앞으로도 사회에 긍정적 영향을 미치며, 따뜻한 공동체 의식이 더욱 강화되기를 바란다"며, "모든 분들이 부처님의 지혜와 광명을 함께 하길 기원한다"고 전했다.

현장 스케치_안전통제 나온 소방요원마저 한동훈 위원장에게 악수를 청했다. 한 위원장의 인기를 실감하는 대목이다.

66
천태종과 구인사가 앞으로도 사회에 긍정적 영향을 미치며, 따뜻한 공동체 의식이 더욱 강화되기를 바랍니다.

DAY-016 2024. 01. 10

국립3·15민주묘지 참배
(경남 창원시 마산회원구 3·15성역로 75)

경남도당 신년인사회
(창원컨벤션센터 컨벤션홀)

부산 미래 일자리 현장간담회
(아스티호텔 부산 24층 부산형 워케이션 거점센터)

부산시당 당직자 간담회
(벡스코 | 부산 해운대구 APEC로 55)

국민의힘 한동훈 비상대책위원장은 이례적으로 부산에서 1박 2일의 일정을 보내며, 부산과 경남 지역의 민심을 집중 공략했다.

한 위원장은 1월 10일 오전에는 경남 창원시에 위치한 국립 3·15민주묘지를 참배한 뒤, 경남도당의 신년인사회에 참석했다. 그후, 부산으로 이동하여 미래 일자리 관련 현장간담회와 부산시당 당직자 간담회에도 참여했다.

특히, 미래 일자리 현장간담회에서 한동훈 위원장은 부산의 특색을 언급하며, "부산은 단순히 현대식 건축물로만 이루어진 도시가 아니라, 바다와 역사가 살아 숨 쉬는 골목과 마을을 갖춘 매력적인 곳"이라 칭찬했다.

"

부산은 단순히 현대식 건축물로만 이루어진 도시가 아니라, 바다와 역사가 살아 숨 쉬는 골목과 마을을 갖춘 매력적인 곳입니다.

그는 또한 "국민의힘은 박형준 시장을 중심으로 부산 시정을 담당하고 있으며, 부산에 대한 깊은 애정을 가진 지지자들이 많다"고 강조했다. 한 위원장은 부산의 청년들에게 실질적인 도움이 될 수 있는 정책을 개발하겠다고 약속하며, "이를 상징적으로 보여주기 위해 내일 부산에서 처음으로 국민의힘 현장 비상대책위원회의를 개최할 것"이라고 발표했다. 또한 그는 "국민의힘은 대통령을 보유한 정부의 여당으로서, 우리의 약속은 반드시 실천으로 이어질 것"이라고 다짐했다. 부산시당 간담회에서는 "부산은 한국 현대사의 중심지로서, 강제징용 피해자들이 귀국한 부산항과 한국전쟁 때 피난민들의 마지막 피난처였던 이곳에서 우리 민족은 큰 역경을 이겨냈다"고 말하며 부산의 역사적 중요성을 강조했다.

"
국민의힘은 박형준 시장을 중심으로 부산 시정을 담당하고 있으며, 부산에 대한 깊은 애정을 가진 지지자들이 많다.

DAY-017 2024. 01. 11

부산현장 비상대책위원회의
(부산항국제전시컨벤션센터)

한동훈 비대위원장, 공정한 공천 약속 강조

국민의힘 한동훈 비상대책위원장은 지난 9일 부산에서 열린 비상대책위원회 회의 후 기자들과의 만남에서 공정한 공천의 중요성을 강조했다.

한 위원장은 "이 공천과 지금 당을 이끌고 있는 건 나다. 이 당에 아는 사람이 없다"며 이기는 공천, 설득력 있는 공천, 공정한 공천을 실행할 것임을 천명했다.

한편, 정영환 국민의힘 공천관리위원장은 자율적 의사와 관계없이 현직 의원들에게 불출마를 요구하는 것이 적절하지 않다는 입장을 표명했다. 이는 서울 여의도 중앙당사에서의 출근길에 기자들과의 대화에서 나온 발언이다.

현장 스케치_한동훈과 회 먹다가 단체로 깜짝 놀란 돌발상황

국민의힘 한동훈 위원장이 부산 자갈치 시장에서 조경태 의원과 함께 회를 먹던 중 60대 부산 어르신이 돌연 "동훈아, 빨갱이 좀 없애다오"라고 소리쳤다.

66

이 공천과 지금 당을 이끌고 있는 건 접니다. 이 당에 아는 사람이 없습니다.

DAY-018 2024. 01. 12

대한불교조계종 종정예하 성파대종사 예방
(통도사 정변전 | 경남 양산시 하북면 통도사로 108)

대한불교조계종 총무원장 진우스님 예방
(통도사 보광선원 | 경남 양산시 하북면 통도사로 108)

조계종 종정예하 중봉 성파 대종사가 영축총림 통도사 정변전에서 국민의힘 한동훈 비상대책위원장과 더불어민주당 홍익표 원내대표를 각각 맞이하며, 두 정치 지도자에게 민족 정신문화의 계승을 강조했다. 한 위원장과 홍 원내대표는 각각 국회정각회장 주호영 의원과 김영배 더불어민주당 전통문화발전특별위원회 위원장의 동행을 받으며 이 자리에 참석했다.

성파 대종사는 양 정당 대표에게 혁신도 중요하지만, 민족의 문화와 정신을 잘 이어갈 것을 당부하며 일제강점기 선조들이 보여준 '조선사람'의 자긍심을 잃지 않는 것이 중요하다고 강조했다. 특히 한 위원장에게는 중책을 맡은 만큼 나라를 위한 노력을 아끼지 말 것을 부탁했고 한 위원장은 이를 실천하겠다고 화답했다.

또한, 성파 대종사는 우리나라가 한국이고, 우리 민족이 한민족임을 상기시키며 한식, 한복, 한글을 예로 들어 한국의 전통문화의 중요성을 재확인했다. 이에 한 위원장은 국민의힘도 전통문화의 가치를 크게 생각하는 당임을 강조했다.

> 66
> 저희 당은 기본적으로 전통문화의 가치를 중요하게 생각하는 당입니다.

> 66
> 우리나라 전통문화와 정신의 핵심 역시 불교와 조계층 가르침에 있었습니다. 앞으로 저희가 더 잘할 수 있게 스님들께서 많은 지도편달 해주시면 잘 배우겠습니다.

DAY-020 2024. 01. 14

제16차 고위당정협의회
(국회 본관 245호)

충남도당 신년인사회
(덕산 스플라스 리솜 그랜드홀)

국민의힘 한동훈 비상대책위원장은 14일 노웅래 더불어민주당 의원의 뇌물 및 정치자금 수수 혐의를 강하게 비판하며, 민주당 내부의 문제를 지적했다. 한 위원장은 고위당정협의회를 마친 후 기자들과의 만남에서 민주당의 공천 적격 판단과 관련해 논란이 된 노 의원 사례를 들어 "이재명 민주당 대표와 김남국 의원이 최고위원회에서 시트콤 비슷한 행동을 했다"며 "돈봉투 부스럭한 것들"이라고 비난했다.

그는 노 의원이 법원에 제출한 자료를 언급하며, 노 의원이 실제로 돈을 받은 사실을 인정했다고 전했다. 한 위원장은 이를 근거로 민주당의 노 의원 공천 결정을 강하게 비판하며, 유죄 확정 시 세비 반납을 제안한 자신의 정책에 대해 민주당이 반대하는 것에 대해서도 지적했다.

또한, 한 위원장은 산업은행법에 대한 민주당의 반대를 언급하며, 당정이 책임을 물어야 한다고 강조했다. 그는 국민의힘과 정부가 박력 있고 정교한 정책을 통해

" "
청년 세대에 늘 미안한 마음을 갖고 있습니다. 젊은 층이 바라는 '공정'이라는 가치를 단호하게 지켜나갈 것입니다.

국민의 지지와 이해를 얻어 나라를 발전시키는 데 집중하고 있다고 밝혔다.

한 위원장은 자신의 개인 지지도와 관련해 겸손한 태도를 보이면서, 국민의힘이 꾸준히 노력하고 있다고 말했다. 그는 고위당정협의회에서 이태원특별법과 같은 특정 이슈에 대해 논의하지 않았다고 밝히며, 설 명절 대통령 특별 사면에 대해서도 아직 논의가 없었다고 전했다.

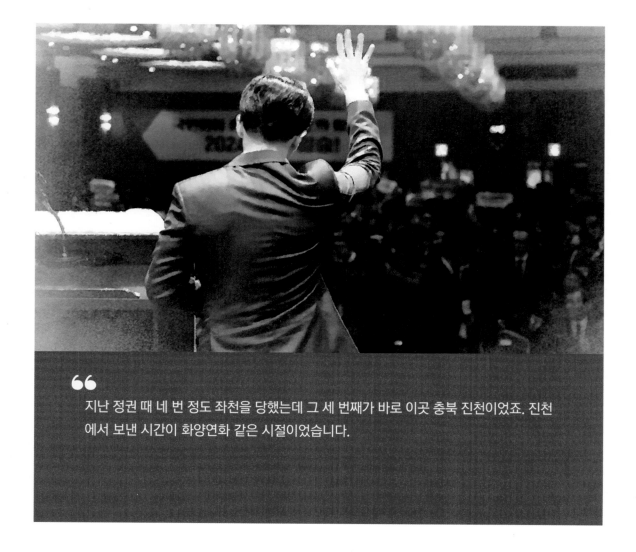

"
지난 정권 때 네 번 정도 좌천을 당했는데 그 세 번째가 바로 이곳 충북 진천이었죠. 진천 에서 보낸 시간이 화양연화 같은 시절이었습니다.

DAY-021 2024. 01. 15

비상대책위원회의
(국회 본관 228호)

인재영입위원회 국민인재 영입 환영식
(국회 본관 228호)

제22대 총선 공약개발본부 출범식
(국회 본관 245호)

국민의힘 한동훈 비상대책위원장은 15일 국회에서 열린 공약개발본부 출범식에서 "기분 좋은 공약, 기다려지는 공약을 준비해 국민에게 보여주겠다" 밝히며 총선을 향한 당의 준비 상황을 강조했다. 공약의 핵심 키워드로는 '격차 해소'를 꼽았고 다양한 사회적 격차를 줄이는 것에 중점을 둘 것임을 밝혔다.

공약개발본부는 '국민택배' 콘셉트를 도입, 국민으로부터 정책을 주문받고 이를 배송한다는 방침 아래 운영된다. 지난해 12월 21일부터 이달 6일까지 총 1058건의 공약을 모집했으며 복지 분야가 가장 많은 제안을 받았다.

공동총괄본부장으로는 유의동 국민의힘 정책위의장, 홍석철 서울대 경제학과 교수, 정우성 포항공대 교수가 임명되었다. 또한, 공약기획단장으로는 송언석 의원이 임명되었고, 유경준, 이태규 의원 및 홍영림 여의도연

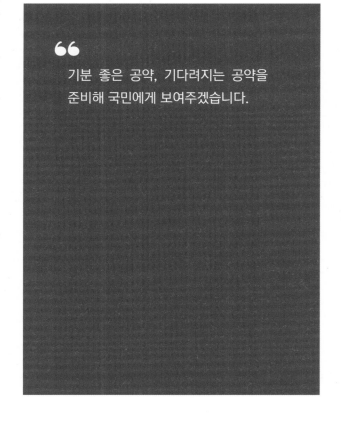

기분 좋은 공약, 기다려지는 공약을
준비해 국민에게 보여주겠습니다.

구원장이 이를 지원한다.

중앙공약개발단에는 양금희, 윤창현, 김미애, 김병욱, 전봉민 의원이 참여하며, 5선 의원인 서병수 의원은 지역발전 공약 소통단 단장으로 활동할 예정이다.

유 의장은 공약 발표 시기에 대해 "최대한 이번 주말이나 다음 주 초에 발표하려 한다"고 밝히며, 과학기술과 경제적 이유를 기반으로 한 사회현상에 대한 대안을 제시할 계획임을 전했다.

현장 스케치_충남도당 분위기
전국 신년 인사 기간 강행군에 감기가 걸려 계속 땀을 닦으면서도 최선을 다하는 모습을 눈에 들어왔다.

DAY-022 　2024. 01. 16

인천시당 신년인사회
(카리스호텔 2층 | 인천 계양구 계양대로 28)

2024년 1월 16일, 국민의힘 한동훈 비상대책위원장이 인천시당 신년인사회에서 주목할 만한 정치개혁안을 발표했다. 한 위원장은 이번 총선에서 승리할 경우 국회의원 수를 현재 300명에서 250명으로 줄이는 법안을 우선 발의하고 통과시키겠다고 밝혔다. 이는 국민의힘의 네 번째 정치개혁안으로 제시되었다.

한동훈 위원장은 "민주당이 반대하지 않는다면 대한민국의 국회의원 정수는 올해 4월 250명으로 줄어들 것"이라며 더불어민주당의 반응에 주목했다. 또한, 인천시당의 인품과 실력을 갖춘 인물들의 역량을 강조하며, 이번 총선에서 인천을 포함한 수도권에서 큰 변화를 이끌 것이라고 자신감을 표현했다.

> "
> 민주당이 반대하지 않는다면 대한민국의 국회의원 정수는 올해 4월 250명으로 줄어들 것입니다.

그는 또한 "이재명 대표가 출마하는 지역에는 우리 국민의힘에서 정정당당하게 승부하고 싶어 하는 후보들이 많이 있다"며, 어느 지역에서든 강력한 도전을 준비하고 있음을 시사했다. 이는 국민의힘이 전국적으로 강력한 경쟁을 벌일 준비가 되어 있음을 보여준다.

현장 스케치_인천시당 앞에서 한동훈 위원장을 기다리는 인파

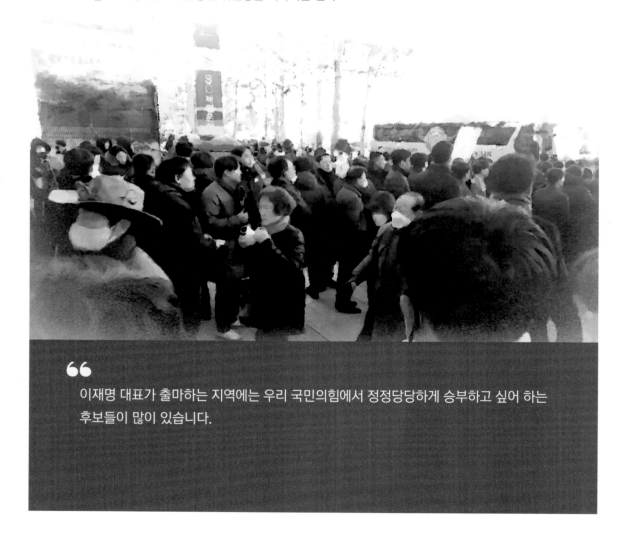

❝
이재명 대표가 출마하는 지역에는 우리 국민의힘에서 정정당당하게 승부하고 싶어 하는 후보들이 많이 있습니다.

DAY-023 2024. 01. 17

서울시당 신년인사회
(케이터틀 | 서울 마포구 백범로 23)

국민의힘 한동훈 비상대책위원장은 1월 17일 서울 마포구에서 열린 서울시당 신년인사회에서 김경률 비대위원의 마포을 출마를 공식 발표하며, 더불어민주당의 현 의원 정청래를 강하게 비판했다. 한 위원장은 김경률 위원이 지역구에서 정청래 의원과 경쟁할 것이라고 밝히면서, 민주당이 반대하지 않는다면 정청래 의원이 다시 선출될 것이라는 지역 내 패배주의적 인식을 비판했다.

한 위원장은 김경률 위원의 공천을 전략적으로 결정했으며, 그가 공정과 정의를 위해 평생 싸워온 인물로서 마포구의 부조리와 억울한 사건에 맞설 적임자라고 강조했다. 또한, 한 위원장은 김경률 위원이 이번 선거에서 마포구에 새로운 바람을 일으킬 것이라고 확신했다. 이 발표로 인해 김성동 당협위원장을 지지하는 일부 당

> 66
>
> 김경율 회계사는 진영과 무관하게 공정과 정의를 위해 평생 싸워왔다.

원들 사이에서는 반발이 일어나 소란이 있었다. 이에 대해 한동훈 위원장은 김경률 위원의 출마가 당의 공식 결정이라며, 이는 공정하게 이루어진 선택이라고 밝혔다. 그는 김경률 위원이 마포구에 필요한 인물이라고 재차 언급하며 국민의힘은 어떤 지역에서든 공정하고 이기는 공천을 할 것이라고 말했다.

국민의힘 서울시당 신년인사회는 당 지도부와 다수의 당원이 참석한 가운데 성황리에 열렸다.

> 66
> 국민의힘은 서울시장과 대통령을 보유한 당입니다. 민주당과 달리 우리의 약속은 실천입니다. 반드시 승리해서, 서울과 대한민국 '동료 시민'의 미래를 위한 길을 찾아갑시다.

DAY-024 2024. 01. 18

비상대책위원회의
(국회 본관 228호)

의원총회
(국회 본관 246호)

2024년 1월 18일, 국민의힘 한동훈 비상대책위원장은 국회에서 열린 비대위 회의에서 새로운 정치개혁 공약을 발표했다. 이번에 제시된 다섯 번째 정치개혁 공약은 출판기념회 형식을 포함한 정치자금 수수 관행을 근절하자는 것이다. 한 위원장은 이 공약이 더불어민주당의 지지를 얻으면 즉시 입법될 것이며, 그렇지 않을 경우 총선 승리 후에 통과시킬 것이라고 밝혔다.

한동훈 위원장은 출판기념회를 통한 비정상적인 자금 수수가 오랜 기간 동안 용인되어 왔음을 지적하면서 이제는 이러한 관행을 단호히 끊어내야 할 때라고 강조했다. 그는 "국민의힘이 이번 총선에서 이 문제를 해결하겠다"고 선언했다.

이와 함께 한 위원장은 이전에 발표한 국회의원 불체포특권 포기, 금고형 이상 확정 시 재판 기간 동안의 세비 반납, 당 귀책 사유 발생 시 재보궐선거 공천 포기,

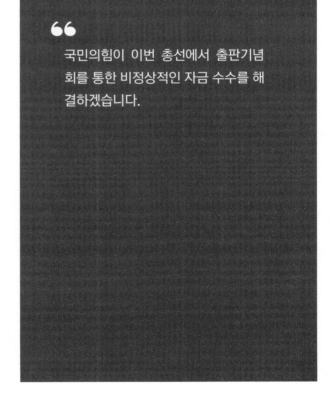

> 국민의힘이 이번 총선에서 출판기념회를 통한 비정상적인 자금 수수를 해결하겠습니다.

국회의원 정수 50명 감축 등의 공약을 재확인했다. 그는 이러한 공약들이 과거에는 논의되었다가 실행되지 못했지만, 이번에는 상황이 다르다고 밝히며 국민의힘이 진심으로 이행할 것임을 다짐했다.

한 위원장은 또한 민주당과 이재명 대표에게 이 정치개혁 이슈에서 도망치지 말 것을 촉구하면서, 이에 대한 국민의 의견을 객관적으로 파악하기 위한 여론조사의 필요성을 언급했다. 그는 국민의 찬반 의견을 묻는 여론조사를 통해 국민의 목소리를 직접 듣고 싶다고 밝혔다.

이전에 발표한 국회의원 불체포특권 포기, 금고형 이상 확정 시 재판 기간 동안의 세비 반납, 당 귀책 사유 발생 시 재보궐선거 공천 포기, 국회의원 정수 50명 감축 등의 공약을 재확인했다.

DAY-025 2024. 01. 19

장종현 한국교회총연합 대표회장 예방
(한국기독교회관 한국교회총연합)

김종생 한국기독교교회협의회 총무 예방
(한국기독교회관 한국기독교교회협의회)

"함께하는 AI의 미래"공공부문 초거대
AI활용 추진 현장 간담회
(더존비즈온 을지로점, 서울 중구 을지로 29)

2024년 1월 19일, 국민의힘 한동훈 비상대책위원장이 한국교회총연합(한교총)과 한국기독교교회협의회(교회협)를 방문하여 교계의 조언을 구하고 협력 방안을 논의했다. 이 자리에는 국민의힘 이채익 의원, 김형동 비대위원장비서실장, 김예령 대변인이 동행했다.

한동훈 위원장은 이날의 방문을 통해 최근 제시한 정치개혁 공약에 대한 교계의 지지를 요청하고, 사회적 약자와 소외 계층을 위한 논의를 진행했다. 특히 이태원 참사 특별법과 관련된 유가족의 상황에 대해서도 의견을 나누었다.

한교총에서는 장종현 대표회장이 한 위원장의 공적 역할과 희생을 높이 평가했으며, 교회의 사회적 기여에 대한 지속적인 지원을 요청했다. 또한, 교회협에서는 저

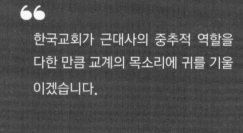

> 한국교회가 근대사의 중추적 역할을 다한 만큼 교계의 목소리에 귀를 기울이겠습니다.

출생 문제 해결을 위한 교회 시설의 활용과 법적 지원을 요청하는 등 국민의힘과 교계가 함께 할 수 있는 다양한 협력 방안이 논의되었다.

한동훈 위원장은 교계의 협력을 통해 사회적 문제를 해결하고, 국가와 당을 위한 희생과 봉사를 강조하며 교회의 중요성과 역할을 인정했다. 그는 교회와 국민의힘이 협력하여 사회 통합과 문제 해결에 기여할 것을 약속했다.

한동훈 위원장은 교계의 협력을 통해 사회적 문제를 해결하고, 국가와 당을 위한 희생과 봉사를 강조하며 교회의 중요성과 역할을 인정했다.

DAY-028 2024. 01. 22

비상대책위원회의
(국회 본관 228호)

인재영입위원회 국민인재 영입 환영식
(국회 본관 228호)

국민의힘 한동훈 비상대책위원장이 대통령실로부터 받은 사퇴 요구를 공식 거절하며, 이와 관련된 내용을 공개하지 않겠다고 밝혔다. 한 위원장은 국회에서 기자들과의 만남에서, 대통령실의 요구가 정당의 자율성을 침해하는 과도한 개입이라는 비판에 대해 이러한 입장을 전했다.

한 위원장은 정부와 정당은 각각 자신의 역할에 충실하여 국민을 위한 정치를 해야 한다고 말하면서, 당과 정부 사이의 신뢰 문제에 대한 질문에 여러 견해가 있을 수 있지만 자신의 임무는 명확하다고 답했다. 또한, '김건희 여사 리스크'가 당정 갈등의 요인으로 지목되는 것과 관련하여 자신의 입장에 변함이 없다고 재확인했다.

한 위원장은 특히 4월 총선의 중요성을 강조하며, 선거가 국민과 나라의 미래에 중대한 영향을 미칠 것임을 언급했다. 그는 총선 승리 후에도 자신의 임기가 계속될 것이라고 말하며 민주당의 정치 행태와 비교하여 국

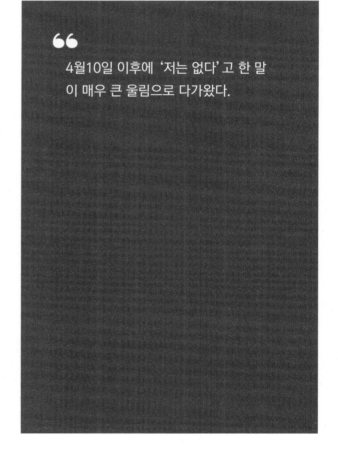

> 4월10일 이후에 '저는 없다'고 한 말이 매우 큰 울림으로 다가왔다.

민의힘의 변화된 모습을 국민에게 잘 전달할 것임을 강조했다.

이와 함께 한 위원장은 전날 이관섭 대통령실 비서실장 및 친윤석열 계열 의원들과의 비공개 회동에서 사퇴 요구를 받은 것으로 알려졌다. 이용 의원 등 일부 의원들은 이 사실을 당내에서 공유하며 대통령실과의 갈등을 드러냈다. 한 위원장의 공적 위치에 대한 여권의 우려는 그가 최근 김경율 비대위원을 서울 마포을에 공천하겠다고 밝힌 것, 그리고 김건희 여사의 명품 수수 의혹에 대한 입장에서 비롯된 것으로 보인다.

> 66
> 대한민국의 40년간 IT 발전의 상징 같은 분으로, 미국 뉴욕 타임스스퀘어에 갤럭시 광고
> 가 있을 수 있는 위상을 만들어주신 분입니다.
>
> 출처_연합뉴스 캡처·갈무리

DAY-029 2024. 01. 23

서천 화재 현장 방문

2024년 1월 23일, 윤석열 대통령이 충남 서천의 수산물 특화시장 화재 현장을 방문했다. 이번 방문은 전날 발생한 화재 상황을 점검하고 피해 상황을 살피기 위한 것이었다. 한동훈 국민의힘 비상대책위원장도 이보다 일찍 현장을 찾아, 화재 진화 및 복구 작업에 힘쓰는 인력들을 격려하고 필요한 지원 대책을 논의했다.

이번 만남은 대통령실이 최근 한동훈 위원장에게 비대위원장직 사퇴를 요구한 이후 이뤄졌다. 대통령실은 지난 21일 김건희 여사의 문제와 공천 관리 문제 등을 이유로 한 위원장에게 사퇴를 요구하며 유감을 표시한 바 있다.

윤 대통령과 한 위원장의 이번 만남은 사퇴 요구에도 불구하고 여전히 국가적 중요 사안에 대한 협력을 계속하고 있음을 시사한다. 두 지도자는 현장에서 만나 서로 의견을 나누고, 화재 피해 복구와 관련된 행동 계획을 논의한 것으로 전해졌다.

66

대통령님에 대해 깊은 존중과 신뢰의 마음을 갖고 있다.

출처_연합뉴스 캡처·갈무리

출처_연합뉴스 캡처·갈무리

DAY-030 2024. 01. 24

⟨함께하는 대학생의 미래⟩
대학생 현장간담회
(숭실대 한경직기념관 1층)

국민의힘 한동훈 비상대책위원장은 24일 서울 동작구 숭실대학교에서 열린 대학생과의 현장간담회에서 민주당 운동권 세력에 대해 죄송한 마음이 없다고 밝혔다. 그러나 현재의 청년 세대에 대해서는 큰 죄송한 마음을 갖고 있다고 말하며, 이들에 대한 지원과 응원을 강조했다. 한 위원장은 자신의 청년 시절을 회고하며 당시는 고도 성장기로 사회적으로 많은 기회가 있었다고 설명했다. 하지만 그런 시대가 지나고 현재의 청년들은 더 많은 노력을 해야 하는 어려움을 겪고 있다고 인정했다.

이때 한 위원장은 청년 정책의 일환으로 천원 아침밥 정책 등을 확장하고 지원 액수를 늘리려는 계획을 밝혔다. 그는 재원의 한계를 인정하면서도, 허황된 약속을 피하고 우선순위를 정해 실질적인 지원을 확대할 의지를 표명했다. 이 날 간담회에서 한 위원장은 국민의힘의 정책과 청년에 대한 지원 계획을 논의하며, 현실적인 제약 속에서도 청년들이 겪는 문제에 대응하기 위해 노력하겠다는 포부를 전했다.

"
현재의 청년 세대에 대해서는 큰 죄송한 마음을 갖고 있다.

> 66
> 당시는 고도 성장기로 사회적으로 많은 기회가 있었습니다만 그런 시대는 지났습니다.
> 현재 청년들은 더 많은 노력을 해야 하는 어려움을 겪고 있습니다.
>
> 출처_시사포커스 라이브 캡처·갈무리

DAY-031 2024. 01. 25

비상대책위원회의
(중앙당사 3층 대회의실)

〈동료시민 눈높이 정치개혁 – 특권
내려놓기 정당 vs 특권 지키기 정당〉
긴급좌담회
(중앙당사 3층 대회의실)

국민의힘 한동훈 비상대책위원장이 25일 50인 미만 소규모 사업장에 대한 중대재해처벌법 확대 시행을 이틀 앞두고 더불어민주당을 향해 "2년간 유예할 것을 다시 한번 강력히 요청드린다"고 밝혔다. 한 위원장은 이날 여의도 당사에서 비대위 회의를 열어 "충분한 자격과 인력을 갖춰서 이 법률에 따른 조치를 얼마든지 취할 수 있는 대규모 사업장이 있다. 반면에 그럴 자격과 인력을 갖추지 못한 곳이 대부분인 50인 미만 사업장들과 그 종사자들이 있다"며 이같이 밝혔다.

그는 "이 양자 간의 격차를 충분히 고려해야 한다"며 "그 격차를 고려하지 않고, 그리고 그 격차를 해소하고 보완하려고 어떤 노력도 하지 않은 채 일률적으로 소규모 사업장까지 적용하는 것은 정치가 역할을 다하지 못하는 것"이라고 지적했다. 50인 미만 소규모 사업장에 대한 확대 적용을 유예하는 중대재해처벌법 개정안은 현재 여야 간 이견으로 합의에 이르지 못하

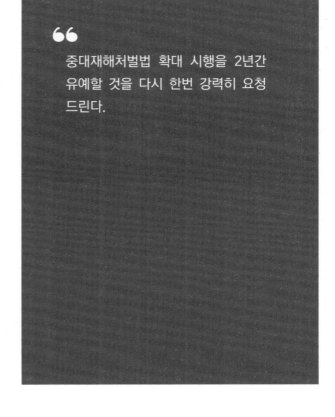

" 중대재해처벌법 확대 시행을 2년간 유예할 것을 다시 한번 강력히 요청드린다.

고 있다. 이날 오후 본회의에서 개정안이 통과되지 않으면 27일부터 전면 시행된다. 한 위원장은 "중대재해로 인한 피해를 막아야 한다는 점에서 (법 취지에) 누구보다 공감한다. 정말 막아야 한다. 대부분의 국민께서도 공감하실 것"이라면서도 "50인 미만 사업장에 대해서 모레부터 대기업 등과 동일한 기준으로 이 법률을 그대로 적용할 경우 소상공인, 그리고 거기에 고용된 서민들에게 결과적으로 심각한 타격을 주게 될 것"이라고 우려했다. 이어 "우리는 이번 총선 과정에서 격차 해소를 여러 번 말씀드린 바 있다"며 "역시 이 문제는 격차 해소 문제하고도 관련이 있다"고 강조했다. 한편, 한 위원장은 자신이 제시해 온 '정치개혁 시리즈'와 관련해 국민에게서 여러 가지 제안을 받고자 한다"며 당 공약 플랫폼인 '국민택배 시스템'을 통해 들어오는 제안을 "무겁게 받아들이고 실천하겠다"고 다짐했다.

> 66
>
> 50인 미만 사업장에 대해서 모레부터 대기업 등과 동일한 기준으로 이 법률을 그대로 적용할 경우 소상공인, 그리고 거기에 고용된 서민들에게 결과적으로 심각한 타격을 주게 될 것입니다.

DAY-035 2024. 01. 29

비상대책위원회의
(중앙당사5층 회의실)

인재영입위원회 국민인재 영입 환영식
(중앙당사5층 회의실)

국민의힘 한동훈 비대위원장이 1월 29일 서울 여의도 중앙당사에서 열린 최고위원회의에서 서울 중구성동구 갑 선거를 경제 전문가인 윤희숙 전 국회의원과 운동권 정치인인 임종석 전 문재인 정부 대통령비서실장 간의 대결로 묘사했다. 이 발언은 윤희숙 전 의원을 운동권 심판론의 대표적 후보로 내세우려는 의도로 풀이된다.

그러나 이러한 발언과 행동은 해당 지역에 출마한 예비후보들 사이에서 강한 불만으로 이어졌다. 특히 권오현 전 대통령실 공직기강비서관실 행정관은 "공정한 경선을 강조하는 비대위원장의 행보가 오히려 재탕, 삼탕 같은 비민주적 결정을 내리는 것과 다를 바 없다"며 비판했다.

권오현 예비후보는 한 위원장의 젊은 정치인 등용 약속과 현재 상황이 모순된다고 지적하며, 이러한 상황이 젊은 정치인들의 진입 장벽을 높일 수 있다는 우려를

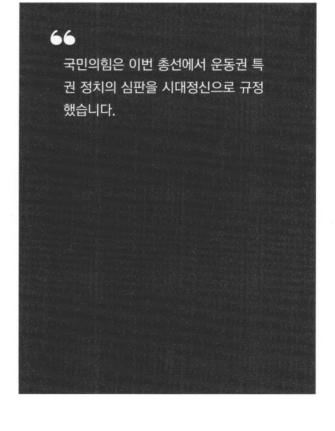

> 국민의힘은 이번 총선에서 운동권 특권 정치의 심판을 시대정신으로 규정했습니다.

표했다. 또한, "윤석열 정부 성공을 위해 노력했던 만큼 정당의 지지를 기대했으나, 기성 정치인의 실수를 비호하는 듯한 현 상황에 실망감을 느낀다"고 덧붙였다.

서울 중구성동구갑은 진보적 지지세가 강한 지역으로 알려져 있으며, 최근 고가 아파트 개발로 인한 지역구 성향 변화 가능성에 대한 분석도 나오고 있다. 이곳에서는 더불어민주당과 국민의힘 양측에서 치열한 경쟁이 예상되고 있다.

> ❝
> 자기 손으로 땀 흘려서 돈 벌어본 적 없고 오직 운동권 경력 하나로 수십년간 기득권을 차지하면서 정치 무대를 장악해 온 사람들이 민생 경제를 말할 자격이 있는지 묻고 싶다.

DAY-036 2024. 01. 30

천주교 서울대교구장 정순택 대주교 예방
(천주교 서울대교구청 | 서울 중구 명동길 74)

1월 30일 여의도 당사 앞에서 기자들과 만난 한 위원장은 "선거가 70일 남았다. 선거제를 정하지 못하고 있다. 누구 때문이냐"며 "이건 의견이 아니라 팩트다. 민주당 때문이다. (이 대표) 스스로 결정하지 못하고 있다고 한다"고 지적했다.

한 위원장은 "(비례제 입장을 정하지 못하는) 이유가 뭔가. 두 가지 아니냐. 이 대표가 비례로 나오고 싶다는 것, 그리고 이 대표 주위 진영에서 (비례) 몫을 나눠 먹기 쉽게 하려는 것, 이 두 가지 니즈가 충돌하기 때문"이라고 말했다.

그는 "왜 국민이 민주당 눈치를 봐야 하는 건가. 민주당이 국민 눈치를 보지 않고"라고 반문한 뒤 "정신 차리라고 말씀드리고 싶다. 부끄러워해야 한다"고 비판했다. 이어서 "그런 분들만 이재명의 민주당 주류로 모이는 건가. 아니면 그 자리에 가면 그렇게 되는 건가. 이해하기 어렵다"고 덧붙였다.

> "
> 힘없는 소수를 대변하는 것이 정치의 중요한 몫이라고 생각한다.

국민의힘은 이번 총선에서 '꼼수 위성정당' 폐해를 낳은 준연동형 비례제를 폐지하고 기존의 병립형으로 회귀해야 한다는 입장이다. 민주당은 병립형 회귀와 연동형 유지 사이에서 고심하고 있다. 민주당이 병립형을 선택하면 선거에서 다수 의석을 확보하는데 유리하지만 선거제도 개혁 공약을 스스로 파기했다는 비난을 피하기 어렵기 때문이다.

민주당 소속 의원 80명은 지난 1월 26일 "병립형 퇴행은 비례 몇 석을 더 얻으려다 253개 지역구에서 손해 보는 소탐대실"이라며 "지역구 민주당, 비례 연합으로 연동형 약속을 지켜야 한다"고 지도부를 압박하기도 했다. 민주당 전체 의원은 164명 가운데 절반 정도가 연동형을 주장하고 있는 셈이다.

한동훈 국민의힘 비상대책위원장이 30일 중앙당사에 근무하는 경비 및 미화 노동자들을 초청해 오찬을 하고 있다.

출처_국민의힘 포토뉴스 캡처·갈무리

DAY-037 2024. 01. 31

〈함께하는 반도체 산업의 미래〉
반도체 산업 현장 간담회
(한국나노기술원)

〈구도심 함께 성장〉 현장 공약발표
(경기 수원시 성균관대역 인근)

더불어민주당 이재명 대표는 자신의 피습 사건과 관련해 "국민 통합에 앞장서야 할 대통령이 국민을 편 가르고 시대착오적인 이념전쟁을 벌인 결과"라며 "급기야 상상조차 할 수 없었던 정치인 암살 테러가 가장 안전하다는 대한민국에 백주대낮에 벌어졌다"고 말했다. 이에 국민의힘 한동훈 비상대책위원장은 "테러로 정치 장사를 한다"며 반발했다.

이 대표는 31일 국회에서 신년 기자회견을 열고 "저에 대한 소위 암살 시도, 정치 테러가 개인에 의해서 벌어진 일이라 생각하지 않는다"며 이같이 말했다. 그는 "정치 테러라고 하는 것은 사회 전체적인 분위기나 특정 집단들의 욕망에 따른 결과인 경우가 많았다"며 "(대통령이) 권력을 상대를 죽이는 데 사용하게 되니까 국민들도 그에 맞춰서 좀 더 격렬하게 분열하고 갈등하고 적대하게 되는 것"이라고 했다. 이 대표는 1월 2일 부산 가덕도 신공항 건설부지를 시찰하던 중 60대 남성으로부터 흉

❝

대한민국을 이끈 건 저희 정치인이 아니고 여기 계신 분들입니다.

기로 공격당해 목에 열상을 입었다. 이 대표는 "그분(피습범)이 저하고 무슨 사적 감정이 있다고 백주대낮에 1년 동안 칼 갈아서 단검을 만든 다음, 연습까지 해가면서 자신의 모든 것을 걸고 정확하게 목을 겨눠서 칼을 찌르겠느냐"며 "이게 지금의 현실이고, 바꾸는 첫 출발점은 통합의 책임을 가진 권력자가 통합의 책임을 다하는 것"이라고 했다. 한 위원장은 이날 기자들과 만나 "이 대표가 그렇게 말한 것이 믿기지 않는다. 그런 논리라면 국민의힘 배현진 의원에 대한 테러는 특정 집단, 민주당의 욕망 때문에 일어난 것이냐"며 "그런 식으로 테러를 두고 정치 장사하는 것은 국민을 실망시키는 일"이라고 지적했다. 국민의힘 지도부 관계자도 "정치권이 분열 정치를 야기한 것에 대한 자성이 먼저"라며 "이 대표와 야당의 의지와 협력도 (통합에) 필요한 만큼 스스로를 되돌아보길 바란다"고 비판했다.

> 저희 국민의힘이 고동진 사장같은 분을 삼고초려해서 모시고, 중요한 정치의 행보에서 이런 반도체 산업의 중요한 분들 시간을 뺏으면서까지 우선순위로 진행하는 이유는 이 부분이 정말 중요하고 정치가 이분들을 지원하고 이분들 뜻을 펼치게 하는 게 핵심이라는 점을 잘 알기 때문입니다.

DAY-038 2024. 02. 01

비상대책위원회의
(중앙당사 5층 회의실)

인재영입위원회 국민인재 영입 환영식
(중앙당사 5층 회의실)

박형준 부산시장 접견
(중앙당사 5층 회의실)

세계일보 창간 35주년 기념식
(롯데호텔 서울 2층 크리스탈볼룸)

국민의힘 한동훈 비상대책위원장이 국회의원 세비를 국민 중위소득 수준으로 낮추자고 제안했다. 한 위원장은 오늘 여의도 중앙당사에서 열린 최고위원회의에서 이 같은 내용을 발표하며 국민을 대표하는 직역으로서 국민들의 소득수준을 반영해야 한다고 강조했다.

현재 국회의원의 연봉은 1억 5천 7백만 원으로, 기본급만 월 708만 원에 달한다. 한 위원장의 제안이 수용될 경우, 올해 중위소득 기준인 3인 가구 기준으로 국회의원 기본급은 월 471만 원으로 조정되어 월 237만 원이 줄어들게 된다.

한동훈 위원장은 이 제안이 진영을 떠나 진지한 논의가 필요하다며, 과거부터 가지고 있던 개인적인 생각이라

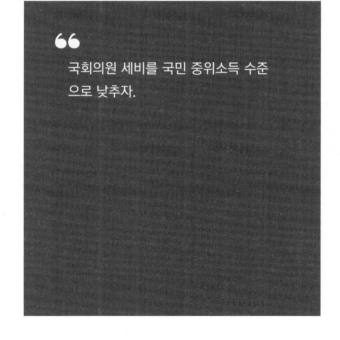

> 66
> 국회의원 세비를 국민 중위소득 수준으로 낮추자.

고 밝혔다. 그는 국회의원직이 직업적으로 매력적인 부분을 일부 제한하는 것이 정치개혁에 기여할 것이라고 설명했다. 반면, 더불어민주당에서는 한 위원장의 제안에 대해 불쾌감을 드러냈다. 윤영덕 더불어민주당 원내대변인은 한 위원장이 여의도 정치에 편승한 것은 아닌지 자성해야 한다고 지적하며, 제안만 할 것이 아니라 구체적인 안을 마련해 여야가 협의할 수 있도록 해야 한다고 촉구했다.

현장 스케치_2024년 1월 31일 수원을 찾은 한동훈 비대위원장

현재 국회의원의 연봉은 1억 5천 7백만 원으로, 기본급만 월 708만 원에 달한다. 한 위원장의 제안이 수용될 경우, 올해 중위소득 기준인 3인 가구 기준으로 국회의원 기본급은 월 471만 원으로 조정되어 월 237만 원이 줄어들게 된다.

DAY-039 2024. 02. 02

경기 구리전통시장 방문
(구리 검배로6번길 31)

> 66
>
> 상인분들에게 민폐를 끼친 것 같아 미안하다.

국민의힘 한동훈 비상대책위원장이 2월 2일 구리시 돌다리 인근의 전통시장을 방문해 시민들과 활발히 소통하는 시간을 가졌다. 이날 한 위원장의 방문으로 시장은 시민들로 붐볐으며, 많은 이들이 그를 향해 환호했다.

밀집한 인파 속에서 한 위원장은 상인들과 인사를 나누고 학생들과 함께 음식을 즐기는 등 친근하게 교류했다. 그는 현장에서 가진 언론 인터뷰를 통해 "상인분들에게 민폐를 끼친 것 같아 미안하다"며 "그럼에도 불구하고 밝게 맞아주셔서 감사하다"고 전했다.

한 위원장은 "이번 방문이 큰 의미를 가지진 않겠지만, 국민의힘은 여기 계신 분들에게 사랑받고 싶다"며 지지를 호소했다. 그는 또한 "오늘의 경험으로 더 잘해야겠다는 책임감을 느꼈다"고 덧붙였다.

특히 한 위원장은 구리시 최대 이슈인 서울 편입 문제에 대해서도 언급했다. 그는 "구리시민들의 의사를 충분히 존중하며, 서울 편입을 원하시는 분들의 바람에 부응하도록 노력하겠다"고 약속했다.

이날 한동훈 위원장의 방문은 지역 상인 및 시민들과의 교류를 통해 상호 이해를 높이고 지역 이슈에 대한 관심을 끌어올리는 계기가 됐다는 평가를 받고 있다.

현장 스케치_구리전통시장에서 사인 행렬 중 어떤 이는 손등을 내밀며 사인을 요청하기도 했다.

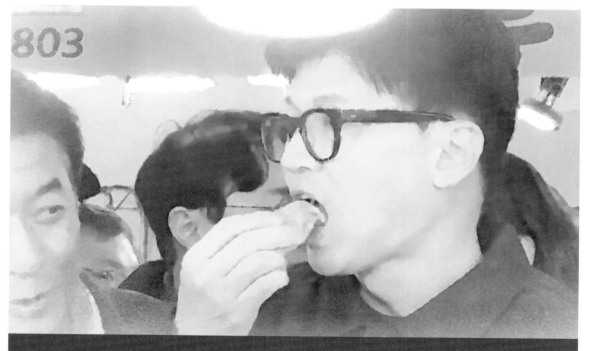

한동훈 위원장의 방문은 지역 상인 및 시민들과의 교류를 통해 상호 이해를 높이고 지역 이슈에 대한 관심을 끌어올리는 계기가 됐다.

DAY-040 2024. 02. 03

김포-서울 통합 염원 시민대회
(라베니체광장)

국민의힘 한동훈 비상대책위원장이 2월 2일 김포 라베니체광장에서 열린 '김포-서울 통합 염원 시민대회'에 참석해 경기도의 효율적 관리와 행정 분할 필요성에 대해 강조했다.

한동훈 위원장은 "경기도가 현재 너무 크게 확장되어 각 지역의 특성과 요구사항을 세심하게 챙기지 못하고 있다"며, "이 문제에 대해 국민의힘과 더불어민주당 모두 공감하고 있다"고 언급했다.

그는 이어 "과거 국민의힘은 김포의 서울 편입을, 더불어민주당은 경기 분도를 주장했지만, 그러한 대립은 양쪽 모두의 이익을 해치고 결국 아무런 진전도 이루지 못했다"고 지적했다.

한 위원장은 "저의 리더십 하에 국민의힘은 발상을 전환하여 김포 시민들이 원하는 바를 존중하고, 서울 편입뿐 아니라 경기 분도까지 적극적으로 추진하겠다"

66

경기도가 현재 너무 크게 확장되어 각 지역의 특성과 요구사항을 세심하게 챙기지 못하고 있다.

고 약속했다. 이와 함께 "경기도의 각 지역마다 다양한 요구가 있을 수 있으며, 우리는 그 모든 목소리에 귀 기울여야 한다"고 덧붙였다.

이날 행사에서 한동훈 위원장은 봄을 기다리는 마음을 담아 '목련 그림'을 국민의힘 연하장의 그림으로 선택했다고 밝히며, "목련이 피는 봄에 김포가 서울로 편입될 수 있는 변화를 기대한다"고 전했다.

현장 스케치_외부 일정 중 자칭 기자라고 하는 자이 위협하듯 돌발 질문이 많았지만 한 위원장은 이에 침착히 대응했다.

> 경기도의 각 지역마다 다양한 요구가 있을 수 있으며, 우리는 그 모든 목소리에 귀 기울여야 합니다. 목련이 피는 봄에 김포가 서울로 편입될 수 있는 변화를 기대합니다.

DAY-042 2024. 02. 05

충남 서천특화시장 화재 피해 복구 지원
을 위한 당원 성금 전달식
(중앙당사 3층 대회의실)

직후, 비상대책위원회의
(중앙당사 3층 대회의실)

영입인재 환영식
(중앙당사 3층 대회의실)

서울 경동시장 방문
(서울 동대문구 왕산로 159-1)

한동훈 비대위원장

제가 최근에 김포와 구리를 다녀왔습니다. 거기서 우리의 경기도민들의 현실의 삶을 개선하기 위해서 경기지역의 각 지역의 주민들이 원하는 방식대로 서울 편입이든 경기 분도든 적극적으로 책임 있게 추진하겠다는 약속을 드렸습니다. 거기에 대해서 민주당이 강하게 반발하고 있습니다. 그런데 그 반발의 내용을 들어보면 그 취지가 뭔지 잘 모르겠습니다.

경기 분도는 민주당이 추진하던 겁니다. 그걸 우리가 같이 적극적으로 추진해 주겠다는 것인데 왜 반대하는 겁니까? 그리고 서울 편입은 우리가 지역 주민의 뜻을 따라서 하겠다고 이미 말씀드린 상태에서 추진하고 있

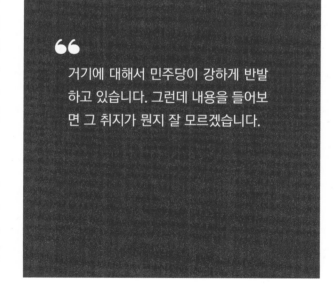

> 66
> 거기에 대해서 민주당이 강하게 반발하고 있습니다. 그런데 내용을 들어보면 그 취지가 뭔지 잘 모르겠습니다.

는 상태였죠. 달라진 건 없습니다.

오히려 저는 민주당에게 이렇게 묻고 싶습니다. 민주당의 입장은 무엇입니까? 정말 김포 구리, 하남 등등의 우리의 시민들이 적극적으로 서울의 편입을 원하는데도 불구하고, 만약 원한다는 결과가 나오는데도 불구하고 그래도 그걸 반대하시겠다는 겁니까? 명확한 입장을 밝혀주십시오. 그냥 뭉뚱그려서 저희가 말하는 것이니까 다 반대하는 것이 아니라 그 입장을 분명히 밝혀달라는 말씀을 드립니다. 저희는 이 정책을 준비하기 위해서 당 내부에서 충분한 하고 심도 있는 토론을 거쳐서 만든 이 정책을 출범한 것이고 그 정책을 실효적으로 현실화시킬 TF까지 발족시킨 상태라는 점도 말씀드립니다.

> 66
> 민주당의 입장은 무엇입니까? 정말 김포 구리, 하남 등등의 우리의 시민들이 적극적으로 서울의 편입을 원하는데, 만약 원한다는 결과가 나오는데도 그걸 반대하시겠다는 겁니까? 명확한 입장을 밝혀주십시오.

DAY-044 2023. 02. 07

관훈클럽 초청 토론회
(한국프레스센터 20층 국제회의장)

경기-서울 리노베이션TF 임명장수여식
(중앙당사 3층 대회의실)

22대 총선 종합광고홍보대행사 경쟁PT
(국회 본관 228호)

국민인재 영입 환영식
(중앙당사 3층 대회의실)

한동훈 비대위원장은 "어떤 정치적 이해관계 그리고 자신의 방탄을 위해서 그런 중요한 국민의 자산과 도구를 지속적으로 비난하고 폄훼할 경우 그 손해는 누구한테 가나"라며 "우리의 취향이 약해지고 우리의 범죄 대응 능력이 약해지는 거다. 저런 정치를 해서는 안 된다고 생각한다"라고 날을 세웠다.

한 비대위원장은 이재명 대표가 밝힌 총선 최대 목표치 151석 확보에 대해 "151이라는 숫자가 재미있는 것 같은데 그분도 굉장히 자신만만한 분 아닌가, 180석을 갖고 있고 준연동제로 위성정당 띄워서 또 사람들 모으겠다는 분들이 왜 이렇게 소박한지 더 묻고 싶다"라며 "이재명 대표의 이번 총선 목표는 자기의 생

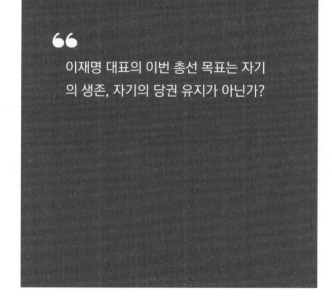

> 이재명 대표의 이번 총선 목표는 자기의 생존, 자기의 당권 유지가 아닌가?

존, 자기의 당권 유지가 아닌가 생각하며 151이라는 숫자가 그 점을 엿보게 해준다고 생각한다"라고 자신의 생각을 말했다. 그러면서 그는 "국민의 평가를 받는 입장에서 그렇게 숫자로 말하는 것 자체가 국민들에게 예의가 아니라고 생각한다"라고 지적했다.

현장 스케치_프레스센터에 도착한 한동훈 비대위원장

> 어떤 정치적 이해관계 그리고 자신의 방탄을 위해서 그런 중요한 국민의 자산과 도구를 지속적으로 비난하고 폄훼할 경우 그 손해는 누구한테 갈까요?

DAY-045 2023. 02. 08

비상대책위원회의
(중앙당사 3층 대회의실)

2024 국민의힘 설 귀성인사
(서울역 | 서울 용산구 한강대로 405)

〈따뜻한 대한민국만들기 국민동행〉
국민의힘 사랑의 연탄 나눔 봉사활동
(노원구 중계동 백사마을)

한동훈 비대위원장

안녕하세요 우리의 설이 다가왔습니다. 오늘 오후부터 귀경길에 오르시는 분들이 많을 것으로 생각하는데요. 모두 다 좋은 시간 행복한 시간 되시기를 바랍니다. 이번 연휴에도 우리 동료 시민들의 안전과 생활을 지키기 위해서 우리 많은 대한민국의 제복 공무원들이 애써주실 것이라고 생각합니다. 저희가 몇 번 말씀드린 적이 있습니다만 우리 정부 그리고 우리 당은 제복 공무원의 노고를 존중하고 그 처우를 개선해야 한다는 강한 생각을 가지고 있습니다. 이번 공약에서도 저희가 그걸 잘 준비해서 설명드릴 계획이라는 점을 말씀드립니다.

저희가 오늘 비대위 행사가 끝나면 연탄봉사를 계획하고 있습니다. 잠시 소개를 드리면 그동안에 우리 당에

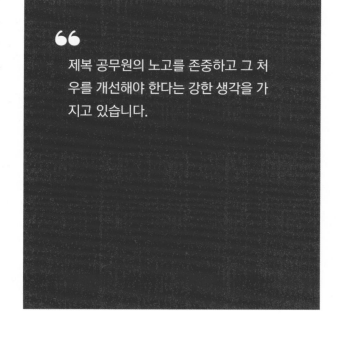

> 제복 공무원의 노고를 존중하고 그 처우를 개선해야 한다는 강한 생각을 가지고 있습니다.

현장 스케치_백사마을 가는 길

DAY-045 2023. 02. 08

서는 외국 대사분들이라든가 국내 주요 분들에게 설을 맞으면 작은 선물을 들여왔거든요. 많은 분들에게 그래드리기 때문에 그 액수가 그렇게 작은 액수는 아니더라고요. 제가 올해도 예년처럼 그런 선물을 드리는 계획을 제가 보고를 받았는데 제가 우리 스태프들과 상의해서 그렇게 선물을 드리는 것도 의미가 있겠지만 그것보다는 그 돈을 모두 어려운 분들을 위해서 쓴 것이 우리가 지향하는 우리가 지향하는 세계와 철학에 맞다고 생각했습니다. 그래서 그 예산을 전부 연탄을 구매해서 기부하기로 결정했습니다. 한 7만 1천 장 정도 되는데요. 그 연탄을 저희가 기부할 것이고 그중에 2천 장 정도 7만 1천 장을 하기에는 우리가 좀 무리가 따라서 2천 장 정도를 오늘 저희가 옮기는 그런 봉사를 할 생각입니다.

여러분 연탄은 겨울도 필요하지만 정말 연탄이 필요한 때는 겨울에는 기구들이 많이 모인다고 합니다. 정말 필요한 때는 지금부터 봄까지라고 합니다. 저희의 작은 생각이 저희의 작은 성의가 많은 분들께 도움이 됐으면 좋겠습니다. 설을 맞아서 설이 지나게 되면 정말 총선 정국이 시작될 겁니다. 지금까지도 그래왔고 앞으로도 저희는 최선을 다할 것이라는 말씀을 드립니다.

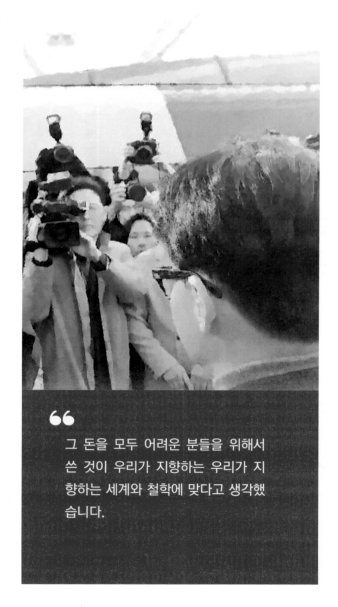

" 그 돈을 모두 어려운 분들을 위해서 쓴 것이 우리가 지향하는 우리가 지향하는 세계와 철학에 맞다고 생각했습니다.

현장 스케치_귀성객 인사

DAY-049 2023. 02. 12

영화 「건국전쟁」 관람
(여의도 소재 영화관)

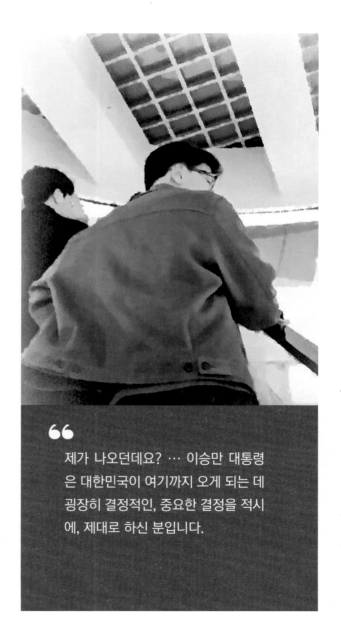

> **"**
> 제가 나오던데요? … 이승만 대통령
> 은 대한민국이 여기까지 오게 되는 데
> 굉장히 결정적인, 중요한 결정을 적시
> 에, 제대로 하신 분입니다.

한동훈 국민의힘 비상대책위원장은 오늘 12일 오후, 서울 여의도의 한 영화관에서 비대위원실 관계자들과 함께 「건국전쟁」 영화를 관람했다. 한동훈 위원장 바로 앞에서 취재한 BJ톨 영상을 종편 채널(MBN 뉴스와이드) 등에서 사용했다. 이 영화는 건국 대통령 이 전 대통령의 젊은 시절 독립운동과 그의 자유민주주의에 대한 깊은 신념, 그리고 재임 기간 중 이룬 농지개혁 등의 업적을 집중적으로 다루고 있다.

영화 관람 후, 한 위원장은 기자들과의 만남에서 이전 대통령에 대해 매우 긍정적으로 평가하며 "대한민국이 오늘날에 이르기까지 굉장히 결정적이고 중요

한 결정들을 적시에, 제대로 하신 분"이라고 언급했다. 그는 또한 "한미상호방위조약과 농지개혁이 없었다면 대한민국의 현재는 지금과 많이 달랐을 것"이라고 덧붙였다.

한 위원장은 "그분의 업적이 모두 미화되어야 한다고 생각하지는 않습니다. 그러나 그분의 시대적 결단이 매우 중요했으며, 그러한 결단들은 충분히 곱씹어 볼 가치가 있다"며 "한미상호방위조약 덕분에 우리나라가 이렇게 안전할 수 있었고, 농지개혁으로 인해 만석꾼의 나라에서 기업가의 나라로 변모할 수 있었다"고 강조했다.

한 위원장은 점퍼와 청바지, 운동화 차림으로 영화관을 찾았다. 관람을 마친 후 그는 시민들의 사진 촬영 요청에도 응했다.

지난해 7월 대한상의 제주포럼에서 한 위원장은 우리나라 경제 성장의 토대를 마련한 대표적인 정부 정책으로 1950년 이승만 정부의 농지개혁을 언급한 바 있는데, 이 장면 중 일부가 영화에 삽입되었다. 이를 본 일부 시민들은 영화를 보고 나서 한 위원장에게 "영화 잘 봤다"며 인사를 건넸다고 한다. 앞서 여당 의원들은 소셜 미디어를 통해 설 연휴 기간 동안 이 영화에 대한 후기를 남기며 관람을 독려해 왔다.

DAY-050 2024. 02. 13

비상대책위원회의
(중앙당사 3층 회의실)

한동훈 비대위원장은 13일 여의도 당사 출근길 취재진과 문답 중 "우리는 자유민주주의 우파 정당이다. 시장경제와 자유민주적 기본질서를 신봉하고 지키려 한다는 기본 전제가 확고하다면 각론에서 생각이 다르더라도 충분히 포용할 수 있고, 그래야 강해지는 정당"이라고 전제한 뒤 이같이 밝혔다.

그는 거대양당 비주류가 급거 통합한 개혁신당을 "일종의 영주권(국회의원 배지) 얻기 위한 위장결혼 비슷하다. 생각이 다르고, 모을 생각이 없어 일반적 정당의 형태는 아니다"고 비판할 때도 "우리 당은 김경율도 있고, 훨씬 더 오른쪽 분들도 많지만 '지향점'이 같다"고 대조했다.

'운동권 청산론이 총선 구도이냐'는 취지의 질문엔 "운동권 특권세력 청산은 제가 인위적으로 만든 선거구도가 아니라 국민께서 생각하시는 시대정신"이라며 "그 운동권이 임종석·김민석·송영길·서영교 등 소위 86운

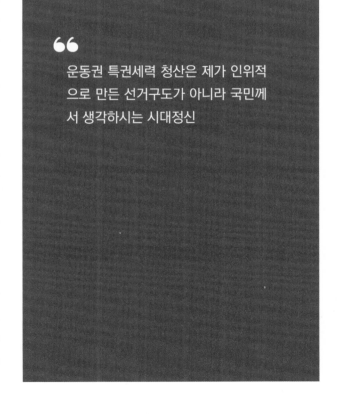

> 운동권 특권세력 청산은 제가 인위적으로 만든 선거구도가 아니라 국민께서 생각하시는 시대정신

동권만이 아니라 지금 이재명 민주당 대표를 옹위하는 (세력)"이라고 답했다.

이어 "소위 경기동부연합을 위시한 한총련 세력 아닌가"라며 "과거 86운동권 세력보다 훨씬 더 친북적 성향이 강해진 세력이다. 이런 분들이 이 나라를 좌지우지하며 발전을 막고 국민 삶이 나아지는 걸 방해하는걸 막는 건 제가 제시한 총선구도가 아니라 국민께서 생각한 시대정신"이라고 강조했다.

현장 스케치_국민의힘 당사 앞, 비대위원장 출근 직전 풍경

> **"**
> 우리는 자유민주주의 우파 정당입니다. 시장경제와 자유민주적 기본질서를 신봉하고 지키려 한다는 기본 전제가 확고하다면 각론에서 생각이 다르더라도 충분히 포용할 수 있고, 그래야 강해지는 정당입니다.

DAY-051 2024. 02. 14

〈함께하는 자립준비청년의 미래〉
자립준비청년 지원주택 현장간담회
(은평 다다름하우스)

한동훈 국민의힘 비상대책위원장은 14일 자립준비청년 지원 공약을 발표하며 "자립준비청년 수가 그렇게 많지 않다. 무슨 뜻이냐면 정치인 입장에선 그렇게 표가 되지는 않는다"고 말했다.

한 위원장은 이날 오후 서울 은평구 다다름하우스를 찾아 제8호 총선 공약인 '청년 모두 행복' 국민 택배를 배송했다. 다다름하우스는 성인발달장애인과 비장애인이 함께 살아가는 사회통합형 지원주택이다.

노란 티셔츠 위에 붉은색 택배 조끼를 입은 한 위원장은 이날 전동 휠체어 눈높이에 맞춰서 무릎을 꿇고 설명을 듣기도 했다.

한 위원장은 "정치의 진짜 기능은 표가 되지 않지만 분명히 바뀌어야 할 부분에 대해 관심을 갖고 그 부분이 개선되도록 해야 한다고 생각한다"며 "제가 그 부분에서 역할을 하고 싶다"고 강조했다.

이어 "저는 자립준비청년에 대한 책을 여러 권 본 적이

> 정치의 진짜 기능은 표가 되지 않지만 분명히 바뀌어야 할 부분에 대해 관심을 갖고 그 부분이 개선되도록 해야 한다고 생각한다.

있다. 이 나이에 사회에 나오는 게 불안하고 어려울 것이라는 생각이 든다"며 "제가 사회에 나와 30년 정도 살아보니까 '아 이렇구나' 라는 걸 지금은 어렴풋이 알 것 같은데, 그 나이대는 아무리 준비된 사람이라도 불안감이 있을 것"이라고 말했다.

한 위원장은 자립준비청년 출신인 윤도현 비대위원을 향해 "자립준비청년을 대표해서 어떤 정책을 제언할 게 아니라 직접 그 정책을 만들어달라는 말씀을 드린다"며 "집권 여당의 핵심 간부로서 책임있는 정책을 추진해 주면 저는 비대위원장으로서 그 정책을 진심을 가지고 지원할 것"이라고 했다.

자립준비청년들은 이날 한 위원장에게 보험 지원이나 자립에 필요한 정보, 주거 지원 등 필요한 지원책을 요청했다. 한 위원장은 "결국 돈 문제"라며 "우리는 이 문제에 대해 돈이 아깝다고 생각하지 않는 정치를 하겠다"고 강조했다.

새로운민심 새민연(회장 김욱기)이 주최한 국민통합 전진대회에서 만난 김은구 트루스포럼 대표와 깨알 인터뷰

DAY-052 2024. 02. 15

비상대책위원회의
(중앙당사 3층 대회의실)

국군대전병원 방문
(국군대전병원)

한동훈과 이국종과의 만남

한동훈 국민의힘 비상대책위원장이 군 병원을 찾아 군 응급 의료 체계 발전 문제와 관련해서 지속적인 관심을 기울일 것을 약속했다.

한 위원장은 15일 오후 2시 대전 유성구 국군대전병원을 방문해 병원장인 이국종 교수 등 군 병원 관계자들과 입원 중인 군 장병들을 위로하고 군 의료 체계를 점검하는 시간을 가졌다.

마스크를 착용하고 이 원장과 3층 병실을 찾은 한 위원장은 입원 중인 군인들과 "입대한 지 오래되셨나," "쾌차하시길 바란다" 등의 대화를 나눴다. 이외에도 국회 국방위원장인 한기호 의원, 병원이 소재한 대전 유성을 지역구로 둔 이상민 의원 등이 함께 현장을 찾아 군 장병들에게 인사했다. 이후 한 위원장은 이 병원장 등 군 병원 관계자들에게 군 항공 의료 체계 및 진료 현황에 대한 설명을 듣는 시간을 가졌다.

이 병원장은 "2010년 연평도 포격 당시 우리 해병대원들이 피를 흘리며 죽어갈 때 단 한 명의 의무 헬기도

> **"**
> 2010년 연평도 포격 당시 우리 해병 대원들이 피를 흘리며 죽어갈 때 단 한 명의 의료진도 증파되지 않았다.

뜨지 않고 단 한 명의 의료진도 증파되지 않았다. 망신이라고 생각한다"며 "국군대전병원은 한미 동맹의 한 축으로 민관군 의료 협조 시스템을 발전시켜 나가고 있다"고 설명했다.

이어 "특히 적의 도발 공세가 높아지는 서북 5개 도서 지역에선 특화된 해군 항공대 비행 조종사들이 병원에서 섬까지 직선거리로 침투할 수 있다"며 "다른 의료 시설을 갖추지 않더라도 저희 팀이 (해군 항공기에) 탑승해

들어갈 수 있다. 저희는 적의 도발이 멈추는 그 순간까지 섬에서 나오지 않을 것"이라고 덧붙였다.

한 위원장은 "군 처우 개선은 군을 위한 게 아니라 우리 모두를 위한 것이라는 확신을 가지고 있다"며 "군 문제 등 응급의료 체계 발전과 관련해서 뭘 어떻게 하는 게 맞는지 정해주는 건 군 장병들과 의료관계자들의 몫이다. 저희에게 정확한 할 일을 만들어주시면 끝까지 함께하겠단 말씀 드린다"고 말했다.

한동훈 국민의힘 비상대책위원장이 군 병원을 찾아 군 응급 의료 체계 발전 문제와 관련해서 지속적인 관심을 기울일 것을 약속했다.

DAY-053 2024. 02. 16

캠프 레드클라우드 방문
(경기 의정부시 가능동 523-1)

의정부시민 간담회
(의정부 제일시장 번영회 사무실)

의정부 제일시장 방문
(경기 의정부시 태평로73번길 20)

한동훈 국민의힘 비상대책위원장은 16일 이재명 더불어민주당 대표가 '돈봉투 수수' 의혹에 연루된 의원들에게 연락했다는 보도와 관련 "같은 입장에서 수사받은 의원들끼리 상의한 거 아닌가"라며 비판했다.

한 위원장은 이날 오전 서울 여의도 당사 출근길에서 이 대표 행보 관련 입장을 묻는 취재진 질의에 "(이 대표가) 기소된 분들에게 어떻게 해야 하는지 상의한 거 아닌가"라고 지적했다.

앞서 이 대표는 공천을 앞두고 지난 설 연휴 소위 '돈봉투 수수' 의혹에 연루된 의원들에게 연락해 동향을 파악한 것으로 알려졌다. 그는 통화에서 해당 의원들이 실제로 돈봉투를 받았는지 등 그간 상황을 물어본 것으로 전해졌다.

한 위원장은 정우택 국민의힘 의원의 '돈봉투 수수'

> 목련이 피는 4월이 되면 의정부와 동두천이 경기북도의 새로운 중심지로 다시 태어나길 기대한다.

의혹이 보도된 것에는 "보통 총선과 공천쯤 이런 문제 제기가 많이 나온다"며 "만약 뭘 받았다면 우리 당은 용납하지 않을 거다. 그렇다고 억울한 사람이 생기면 안 된다"고 사실관계 확인 필요성을 밝혔다.

그는 국민의힘 비례 위성정당인 '국민의미래' 창당과 관련, 준연동형 비례대표제를 고수한 민주당에 대한 비판도 이어갔다.

그는 "이재명 대표가 하룻밤 만에 '100% 의원총회의 결단'이라며 북한처럼 준연동형 비례대표제를 하겠다고 했다"며 "그 제도는 잘못됐다"고 강조했다.

이어 "(준연동형 비례대표제는) 조국 전 법무부 장관 같은 사람이 국회의원이 될 수 있는 제도다. 창원간첩단 관련자가 국회의원이 된다고 나설 수 있는 것"이라며 "저희는 그걸 막아야 할 책임 있는 정당이고, 플랜B로 비례정당을 준비하고 있다"고 설명했다.

한 위원장은 이날 의정부시에서 열린 시민간담회에 참석해 "경기 분도 문제를 적극 추진하려 한다"며 "의정부를 비롯한 경기북부지역은 분단 수도 방어라는 중요한 임무를 위해 70여 년동안 희생을 전담해왔지만 합당한 감사와 보답을 받지 못했다"고 했다.

DAY-056 2024. 02. 19

비상대책위원회의
(중앙당사 3층 대회의실)

> **"**
> 전라도 빈 자리에 출마 좀 많이 했으면 좋겠어요. 저 혼자 해서 바람이 나겠습니까?
>
> ― 박은식 비대위원

국민의힘 한동훈 비상대책위원장이 19일 개혁신당의 내부 갈등과 관련해 "(합당한 지) 일주일도 안 돼서 이혼하려 하는데 보조금 사기라고 해도 과언이 아니라고 생각한다"고 비판했다. 한 위원장은 이날 서울 여의도 당사 출근길에 취재진에게 "(개혁신당에) 2월 15일 기준으로 보조금 6억 6000만 원이 지급됐다. 큰돈이다. 그걸 위해 2월 14일 더불어민주당에서도 내쫓은 양정숙 무소속 의원을 영입했다"며 이같이 말했다.

앞서 개혁신당은 중앙선거관리위원회의 경상보조금 지급 기준일(2월 15일)을 하루 앞두고 양 의원을 영입하면서 현역 의원이 5명으로 늘어나 6억 원이 넘는 보조금을 받을 수 있었다. 그런데 이후 선거 지휘 주도권, 배복주 전 정의당 부대표의 입당·공천을 둘러싸고 내부 갈등이 발생했다. 16일에는 3차 최고위원회의를 개최할 예정이었지만 취소되기도 했다.

한 위원장은 "당초 생각이 전혀 같지 않은 사람들"이라며 (지금 기준일) 하루 전에 맞춰서 돈을 받아 가는 건 분식 회계, 보조금 사기와 다를 바 없다"고 지적했다. 이어 "이게 정치 개혁인가. 기존에 있었던 대형 정당도 안 하던 방식 아닌가"라고 말했다.

한 위원장은 최근 배복주 전 정의당 부대표의 입당을 둘러싼 개혁신당의 내부 갈등이 커지는 상황에 대해 "알아서 하시면 될 것 같다"면서도 "6억 6000만 원이

작은 돈인가. 우리가 내는 세금이다. 개혁이라는 말과 전혀 어울리지 않는 행태"라고 꼬집었다.

그는 최근 신당창당을 선언한 조국 전 법무부 장관에 대해서도 "늘 국민에게 공감받지 못하는 말을 하는 분"이라며 "그분은 전두환 정권 당시 만들어진 대표적인 특혜인 석사장교 제도를 이용했던 분이다. 운동권 내에서도 과연 그분을 진짜 운동권으로 생각하는지 모르겠다"고 말했다.

> **❝**
> (조국은) 늘 국민에게 공감받지 못하는 말을 하는 분인데, 전두환 정권 당시 만들어진 대표적인 특혜인 석사장교 제도를 이용했던 분이다. 운동권 내에서도 과연 그분을 진짜 운동권으로 생각하는지 모르겠다."

DAY-057 2023. 02. 20

〈시민이 안전한 대한민국〉 현장 공약 발표
(화양동 자율방범대 초소 앞)

오늘 서울 광진구 화양동에서 '여성이
안전한 대한민국' 공약을 발표했다.

한동훈 국민의힘 비상대책위원장은 오늘 서울 광진구 화양동에서 '여성이 안전한 대한민국' 공약을 발표했다. 이 공약에는 여성 안심 귀가 서비스 개선 및 CCTV 확대 방안이 들어있다.

광진구는 현재 더불어민주당의 여성 의원들이 현역으로 있는 지역으로, 총선의 주요 격전지로 주목받고 있다. 또한 국민의힘은 가정폭력과 스토킹 피해자의 주소 보호를 위해 '안심 주소' 도입을 추진하며, 주거침입 감지 센서 설치 지원 등을 통해 피해자 보호 및 범죄 예방에 중점을 둘 계획이다.

DAY-059 2023. 02. 22

경북 문경소방서 순직 소방공무원
국민의힘 국회의원 및 당원 모금
위로·조의금 전달식
(중앙당사 3층 대회의실)

직후 비상대책위원회의
(중앙당사 3층 대회의실)

국민인재 영입 환영식
(중앙당사 3층 대회의실)

오류역 문화공원 방문
(서울 구로구 경인로20길 13)

오류동 행복주택 방문
(서울 구로구 경인로20가길 68)

〈청년 모두 행복 2호〉 현장 공약발표
행복주택 입주 신혼부부 및 청년 등과 간담회
(카페 오류동역 4번출구)

한동훈 국민의힘 비상대책위원장이 지난 2월 22일 당 비상대책위원회 회의장에서 의료계 파업 사태와 관련해 "의료계 파업 사태에 관해 여러 의견이 있을 수 있지만 국민과 환자를 최우선해야 한다"며 "이 부분에 대해서는 정부는 단호해야 한다고 생각한다"고 말했다.

국민의힘 공약개발본부가 22일, 청년 연령 기준 상향과 디딤돌·버팀목 대출 소득요건 대폭 완화 등의 내용이 담긴 '청년 모두 행복 2호 공약'을 발표했다.

반면 의사 출신인 국민의힘 의원들은 의대 정원을 2000명 늘리겠다는 정부 방침과는 다른 목소리를 냈다. 안철수 국민의힘 의원은 "정부에서 (의사 증원이 필요하다고) 주장하는 순서가 바뀌었으면 한다"며 "(필수·지방 의료 인력 부족 문제를) 어떻게 해결할 것인가 그 방법을 내놓고, 그럼에도 어느 정도의 의사가 부족하다는 것을 정교한 시뮬레이션을 통해서 내놓는 게 국민과 의사들에게 설득력이 있을 것"이라고 말했다. 한지아 국민의힘 비상대책 위원은 "전국의 모든 전공의를 구속하고

형사처벌한들 문제가 해결되지 않는다. 국민이 피해를 볼 뿐"이라며 "의사들을 자극하고 악마화하는 것을 자제해 달라"고 말했다.

이와 관련해 이재명 더불어민주당 대표는 지난 2월 21일 열린 당 최고위원회의에서 "국민 건강권 확보가 최우선"이라며 "(의사들이) 파업 또는 집단행동을 즉각 중단해 주기를 바라면서 또 한편으로 정부 역시 충분한 논의를 통해서 가능한 대안을 만들도록 촉구한다"라고 말했다.

현장 스케치_시대정신인 운동권 청산과 관련된 공익제보 자료를 한 위원장에게 전달했다.

DAY-060 2023. 02. 23

국민의미래 중앙당 창당대회
(중앙당사 3층 강당)

박촌역 방문
(박촌역 | 인천 계양구 장제로 983)

계양산전통시장 상인회 간담회
(인천 계양구 장제로 913)

계양산전통시장 방문
(인천 계양구 장제로 913)

계산역사거리 방문
(계산역 | 인천 계양구 경명대로 1091)

한동훈 국민의힘 비상대책위원장은 25일 "당직자나 후보들이 공개적으로 총선 예상 의석수를 과장되게 말하는 등 근거 없는 전망을 삼갈 것을 요청 드린다"고 당내부에 메시지를 냈다. 경기 안산 상록갑에 단수공천을 받은 장성민 전 대통령실 미래전략기획관이 한 방송에서 "국민의힘이 160석이 가능하다"고 발언하자, 일종의 경고를 한 셈이다.

한 위원장은 당직자와 후보 등에게 문자 메시지를 통해 "국민의힘은 아직 국민들의 사랑과 선택을 받기에 많이 부족하고 더 열심히 노력해야 한다"며 이같이 밝혔다.

> 66
> 국민의힘은 아직 국민들의 사랑과 선택을 받기에 많이 부족하고 더 열심히 노력해야 한다.

이어 "선택은 국민들이 하시는 것이고, 우리 국민의힘은 낮은 자세로 국민만 보고 가야 할 때"라고 강조했다.

한 위원장의 메시지는 장성민 전 대통령실 미래전략기획관이 이날 언론 인터뷰에서 국민의힘 총선 의석수로 150~160석을 예상한 뒤 한 시간만에 나왔다. 장 전 기획관은 한 방송에 나와 "김건희 영부인에 대한 특검은 누구나 아는 정쟁 프레임"이라며 "정쟁을 만일 민주당이 주도하고 영부인 특검 놀이를 간다? 그러면 총선은 민주당이 110석 그 상한선에서 왔다 갔다 할 수가 있다. 국민의힘은 150석에서 160석이 가능할 것"이라고 주장했다.

일종의 내부 경고성 메시지로 해석된다. 총선을 앞두고 각종 여론조사에서 국민의힘 지지율이 상승세를 보이자, 위기 의식이 약화됐다는 판단에서다.

한 위원장은 연일 '낮은 자세'를 강조하고 있다. 앞서 한 위원장은 "우리가 아직도 어렵고, 아직도 (민주당을) 쫓는 입장"이라며 "우리는 아직 멀었다"고 강조했다.

현장 스케치_실족해 다칠 뻔한 여성 팬들 이구동성, "넘어진건 모르겠고 한동훈과 사진 찍는 게 우선이야."

DAY-063 2024. 02. 26

비상대책위원회의
(중앙당사 3층 대회의실)

〈함께 누리는 문화〉 공약 발표
(원주시 카페 바탕 | 강원 원주시 황금로 11)

전통시장 상인회 간담회
(원주 자유시장 2층 작은도서관)

원주중앙시장 방문
(강원 원주시 중앙시장길 11)

한동훈 비대위원장

우리 공천 작업이 지금 진행되고 있지 공관위에서 최선을 다해주신 것에 대해서 당을 대표해서 감사하다는 말씀을 드립니다. 우리 공천이 다른 당에 비해서 유례 없이 비교적 조용하고 잡음 없이 진행되고 있고 오히려 그것 때문에 "감동이 없다"라는 소위 '억까'를 하시는 분도 있으신데요.

이런 조용한 공천은 역대 유례가 잘 없습니다. 그만큼 어렵다는 뜻이죠. 이 조용한 공천은 우리의 공이 아니고 감동적인 희생과 헌신을 해주시는 우리의 중진들 그리고 승복해 주시는 후보님들의 공입니다. 대단히 감사하다는 말씀을 드리고 우리 당은 끝까지 룰을 지키는 시스템 공천을 하기 위해서 최선을 다하겠다는 말씀을 드립니다.

66

이 조용한 공천은 우리의 공이 아니고 감동적인 희생과 헌신을 해주시는 우리의 중진들 그리고 승복해 주시는 후보님들의 공입니다.

자꾸 반복해서 말씀드리는데요. 저번에 저한테 제가 인터뷰할 때 색깔론 이런 얘기를 누군가 하던데 색깔론이 아니라 사실론입니다. 지금 민주당은 이재명 대표의 민주당은 명백히 통진당화되어가고 있습니다. 과거와도 다릅니다. 지금 지난 총선에서 역시 더불어민주당은 비례 위성정당을 연합해서 운용했잖아요. 여러분 기억하십니까? 그때 통진당 계열은 거기 포함됐습니까? 됐나요? 그렇지 않았습니다. 민주당 당시 민주당에서조차도 통진당 계열을 그 자기들 민주당 계열의 위성정당에 포함시키는 것은 선을 넘은 거라고 판단해서 그 부분을 배제했던 것으로 저는 기억합니다. 그런데 지금은 어떻습니까? 아예 몇 석 몇 석 몇 석 이렇게 구체적으로 비례석을 나눠주고 나아가서 울산 북구 등 이길 수 있는 지역에 대해서 통진당 계열에 의석을 양보하겠다고 하고 있습니다. 이런 분들이 국회로 진입했었을 때 앞으로의 4년이 어떻게 될지 정말 걱정스럽습니다.

4년은 짧은 시간이지만 생각보다 긴 시간입니다. 나라를 망치고 국민의 삶을 파괴하기에는 충분한 시간입니다. 저는 우리 국민의힘 구성원에게 강력하게 당부드립니다. 지금 국민들께서 우리를 지지하는 것은 우리가 잘하고 이뻐서가 아닙니다. 이런 일을 막을 수 있는 유일한 세력이기 때문입니다. 책임감을 가지고 더 열심히 더 절실하게 최선을 다하자는 말씀을 드립니다.

DAY-064 2024. 02. 27

〈기후 미래 택배〉
현장 공약발표
(서울북카페 센버스)

한동훈 비대위원장

안녕하십니까, 국민의힘 비상대책위원장 한동훈입니다. 제가 다양한 곳을 방문해 본 결과, 오늘 이 자리가 가장 활기찬 분위기임을 느낍니다. 오늘 저희는 조지연, 서영인 두 분의 기후 스타트업 창업가로부터 미래 세대를 위한 기후 위기 대응 요청을 받았습니다.

정치 경험이 얼마 되지 않았지만, 기후 문제에 대한 정치인들의 접근 방식에 대해 배우고 있습니다. 대체로 단기적인 표에 집중하며 장기적인 책임을 소홀히 하고, 복잡하고 논란이 될 수 있는 문제는 피하는 경향이 있습니다. 그러나 저는 정치가 미래에 대한 책임감을 가져야 한다고 생각합니다.

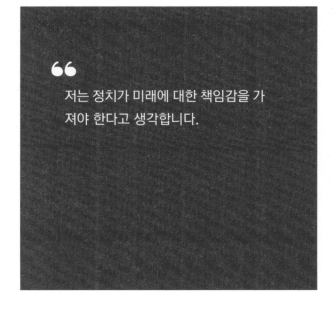

> ❝
> 저는 정치가 미래에 대한 책임감을 가져야 한다고 생각합니다.

1월 18일, 저희 당은 크게 두 가지 중점을 가진 총선 공약을 준비했습니다. 첫 번째는 사회적 격차의 해소, 두 번째는 지속 가능한 사회로의 전환입니다. 오늘은 특히 두 번째 중점인 기후 위기 대응에 대해 말씀드리려고 합니다. 기후 문제는 미래 세대를 위해 반드시 주목해야 하며, 이는 정치인으로서 중요한 책임 중 하나입니다.

정부는 민간의 노력을 지원해야 하며, 정부 주도만으로는 한계가 있습니다. 따라서 비즈니스와 연결되어 자발적인 참여를 촉진하는 정책이 필요합니다. 우리는 기후 대응 기금을 늘려 재생 에너지 확대 및 저탄소 경제 전환을 추진할 것이며, 기후산업을 육성하고, 녹색금융을 통해 기후 스타트업의 성장을 지원할 계획입니다. 우리의 목표는 단순히 정책을 제시하는 것이 아니라, 실질적으로 지속 가능한 미래를 위한 변화를 주도하는 것입니다. 이는 국민의힘의 명확한 약속이며, 이를 통해 미래 세대가 직면할 기후 위기에 적극적으로 대응하고자 합니다.

DAY-066 2024. 02. 29

비상대책위원회의
(중앙당사 3층 대회의실)

인재영입위원회 국민인재 영입 환영식

국민공감 정책 세미나
동료시민 일상 속 격차, 어떻게 해소할 것인가?

한동훈 비대위원장

안녕하십니까, 국민의힘 비상대책위원장 한동훈입니다. 오늘 제가 전해 드릴 이야기는 저희 당과 더불어민주당의 경쟁, 특히 이번 총선의 중요성에 대한 것입니다. 현재 우리 국민의힘은 유일한 주요 보수 우파 정당으로서, 민주당과의 본질적인 경쟁을 펼치고 있습니다.

이번 총선은 단순한 선거가 아니라 국민의 선택을 받기 위한 절실한 경쟁이며, 그 과정에서 저희는 공정하고 정당한 방법으로 경쟁할 것임을 약속드립니다. 최근 일부에서는 MBC의 일기 예보를 통해 민주당의 선거운동을 방송했다는 논란이 있습니다. 이는 공정한 선거 운동을 저해하는 행위로, 저희는 이러한 방송의 편파성에 대해 깊은 우려를 표합니다.

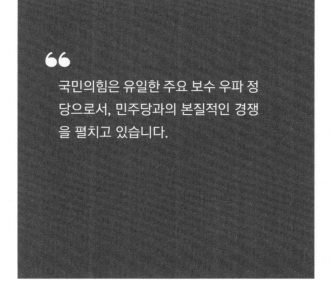

> 66
> 국민의힘은 유일한 주요 보수 우파 정당으로서, 민주당과의 본질적인 경쟁을 펼치고 있습니다.

또한, 민주당 내에서는 이재명 대표가 자신의 정적인 임종석 전 실장을 불합리하게 배제하고 있다는 지적도 있습니다. 이는 당내 권력을 이용한 부적절한 행위로, 우리 국민의힘은 이와 대비되는 공정한 공천 과정을 지향합니다.

국민의힘은 현재 공천 과정에서 여론조사와 실질적인 평가를 통해 후보를 선정하고 있습니다. 이 과정은 투명하게 진행되며, 모든 후보가 그 결과에 승복하고 있습니다. 이는 저희 당이 공정성을 가장 중요한 가치로 삼고 있음을 보여줍니다.

저희는 민주당과 다르게 정치적 계산보다는 국민의 신뢰와 사랑을 얻기 위해 노력하고 있습니다. 이러한 저희의 노력이 국민 여러분께서 평가해 주시기를 바라며, 이번 총선에서 국민의힘이 국민의 선택을 받을 수 있도록 최선을 다하겠습니다. 감사합니다.

현장 스케치_출근길 한 컷

DAY-067 2024. 03. 01

제105주년 3·1절 기념식
(유관순기념관 | 서울 중구 통일로4길 30-1)

현장 스케치_한 위원장은 휠체어에 탄 어르신을 알아보고는 "광복절에 같이 사진을 찍었다"며 그분을 반갑게 맞이했다.

현장 스케치_삼일절 기념식장에서 이스라엘 대사는 한동훈을 찾아와 엄지척하며 별도의 만남을 요청했다. 얼마 후, 한 위원장은 차량에 탑승하기 전 어느 여성에게 제로콜라를 선물했다.

윤석열 대통령이 1일 오전 서울 중구 유관순기념관에서 열린 제105주년 3·1절 기념식에 참석했다. 이 자리에서는 이재명 더불어민주당 대표, 한동훈 국민의힘 비상대책위원장이 함께 있는 모습이 포착됐다. 오전 10시에 시작한 기념식장에 9시 29분경 가장 먼저 도착한 한동훈 비대위원장은 착석한 뒤 9시 50분경 도착한 이재명 대표와 인사했다. 윤 대통령은 1시간 동안 열린 기념식을 마친 뒤 퇴장하면서 여야 대표를 잠깐 조우했다. 먼저 한 위원장과 악수한 뒤 이 대표와 악수를 했다.

오늘 기념식에는 독립유공자 유족 500여 명을 포함해 사회 각계 대표와 주한외교단, 학생, 시민 등 총 1200여 명이 참석해 3·1운동의 역사적 의미를 공유했다. 박정하 국민의힘 수석대변인은 이날 논평을 통해 "3·1운동 함성을 기억하며 숭고한 정신을 계승해 나가겠다"고 밝혔다. 박 수석대변인은 "자주독립의 일념 아래 애국선열들의 희생정신으로 이뤄낸, 오늘날 헌법정신의 근간이 된 3·1운동 정신은 미래세대를 위해 우리가 계승해 나가야 할 가치"고 했다.

DAY-068 2024. 03. 02

총선 승리 위한 '필승 결의 대회' 선포

국민의힘은 3월 2일부터 10일간 전국을 순회하며 4
월 10일 치러질 총선 승리를 위한 '필승 결의 대회'
를 진행한다. 첫 일정은 호남권에서 시작되며, 광주
김대중컨벤션센터에서의 대회를 시작으로 전북 지역
에서도 결의 대회를 이어갈 예정이다.

이번 행사는 공직선거법에 따라 선거일 30일 전부터
당원 집합이 제한되기 전에 전국 17개 시·도 지역당
을 방문, 각 지역의 결의를 모으는 일정으로 구성되어
있다. 이는 당의 전통적인 열세 지역인 호남을 포함하
여 제주도, 부산·울산·경남(PK), 충청권, 강원권, 수
도권 등 전국을 아우르는 광범위한 순회다.

국민택배 상자 들고 입장하는
한동훈 비대위원장

국민의힘은 결의대회 기간부터 총선 전까지 사실상의
조기 선거대책위원회 체제로 전환하며, 현장에서 비대
위회의를 연달아 개최함으로써 선거 승리를 위한 전
략적 움직임을 강화할 계획이다. 이번 필승 결의 대회
는 당의 결속을 다지고, 전국적인 지지를 확보하기
위한 중요한 계기가 될 것으로 보인다.

3월 5일 오전, 한동훈 비상대책위원장은 충청북도 청주 육거리종합시장을 방문해 상인들과 간담회를 가졌다.

DAY-070 2024. 03. 04

비상대책위원회의
(중앙당사 3층 대회의실)

입당식
(중앙당사 5층 회의실)

백석대학교 타운홀미팅
(백석대학교 창조관 13층 박물관)

천안중앙시장 상인간담회
(천안중앙시장 주차장2층 상인회 사무실)

충남 천안중앙시장 방문

더불어민주당을 떠난 4선 김영주 국회부의장이 3월 4일 국민의힘에 공식 입당할 예정이라고 발표했다. 김 부의장은 소셜 미디어를 통해 "내일 국민의힘에 입당하겠다"며 총선에서의 승리를 위해 최선을 다하겠다는 의사를 밝혔다. 이는 국민의힘 한동훈 비상대책위원장과의 만찬 회동 이틀 후에 이루어진 결정이다.

김 부의장은 한동훈 위원장으로부터 국민의힘 입당을 제안받았다고 전하면서, 여의도 정치의 변화와 중도층 확대의 필요성에 크게 공감한다고 설명했다. 그는 특히 노동자들의 삶의 질 향상과 소외 계층의 문제 해결에 주력해 온 자신의 의정활동 경험이 이러한 변화에 도움이 될 것이라고 덧붙였다.

> 66
>
> 샴푸를 썼는데 하늘에서 떨어진 건지, 경기도 법카를 쓰면서 공무원들을 몸종처럼 부린 것에 대해 이 대표는 토론에서 거짓말을 할 수밖에 없을 것

현장 스케치_한 위원장은 어마어마한 인파 속에서도 멀리 있는 국민들이 그의 모습을 볼 수 있도록 후보와 함께 점핑했다.

DAY-071 2024. 03. 05

청주 육거리종합시장 상인회 간담회
(충북 청주시 상당구 청남로2197번길 42)

청주 육거리 종합시장 방문

서원대 학생들과 오찬 간담회
(서원대학교 사범관 2층 학생식당)

육아맘들과의 간담회
(보이드맨션 | 충북 청주 청원구 상당로314)

오창 올리브상가 사거리 거리인사

가경터미널 사거리 거리인사

상당공원사거리 거리인사

분평동 BYC 사거리 거리인사

> 66
> 충청의 민심은 치우치지 않는 공정한
> 시각을 가지고 있다

국민의힘 한동훈 비상대책위원장이 충북 청주 방문을 통해 4·10 총선을 앞두고 '중원'지역의 민심 잡기에 나섰다. 이는 천안 방문에 이은 이틀 연속의 충청 지역 방문으로, 한 위원장은 충북 청주의 육거리 종합시장에서 시작해 여러 지역구를 둘러보며 지역 민심을 파악했다.

방문 첫날, 한 위원장은 청주 육거리종합시장을 방문해 상인들과 간담회를 가졌고 이 자리에서 "충청의 민심은 치우치지 않는 공정한 시각을 가지고 있다"며 지역민과의 소통을 강조했다. 그는 또한 "국민의힘은 집권여당으로서, 실천 가능한 정책을 추진할 것"이라며 신뢰를 호소했다.

한 위원장은 청주에서의 육아맘 간담회를 통해 인구 문제 해결을 위한 정책을 강조하며, "어머니들이 출산 후에도 경제활동을 이어갈 수 있는 환경을 만드는 것이 중요하다"고 언급했다. 이외에도 그는 서원대 학생식당에서 대학생들과 점심을 함께 하며 젊은 층과의 소통도 이어갔다.

한 위원장의 이번 청주 방문에는 충북 지역 총선 후보들이 대거 동행했으며, 이들은 한 위원장의 지원 유세에 힘을 실어주었다. 특히, 김진모 후보와는 과거 검찰 시절의 인연이 언급되기도 했다. 한 위원장은 김 후

보에 대한 지원 유세에 대해 "공적인 업무를 수행하면서 개인적인 인연을 뛰어넘는 공정한 판단을 해왔다"며 선거 지원의 정당성을 강조했다.

이날 한 위원장의 청주 방문은 충북 지역에서의 국민의힘 지지 기반을 강화하고, 중원 지역에서의 선거 전략을 확고히 다지는 계기가 되었다.

DAY-073 2024. 03. 07

비상대책위원회의
(중앙당사 3층 대회의실)

김동명 한국노동조합총연맹 위원장 접견
(중앙당사 5층 회의실)

영통구청사거리 거리인사
(영통구청사거리 | 경기 수원시 영통구 효원로 400)

지동못골시장 상인연합회 간담회
(지동못골시장 상인회 사무실)

지동못골시장 방문
(지동못골시장 | 경기 수원시 팔달구 팔달문로 19)

수원 정자애누리시장 입구 거리인사
(수원 정자애누리시장 입구)

수원 금곡 주공5단지앞 사거리 거리인사

한동훈 비대위원장

최근 물가상승으로 국민들의 걱정이 큽니다. 정부 여당으로서 책임을 느끼고, 더욱 노력하겠다고 약속드립니다. 우리 여당은 미래에 대한 무한한 책임을 져야 한다는 것을 잘 알고 있습니다. "인플레이션은 보이지 않는 도둑"이라고 합니다. 시민들의 걱정이 크다는 것을 잘 알고 있으며, 정부도 최선을 다하고 있습니다. 그러나 보다 특단의 대책을 마련하고 더 과감한 집행

66

이재명 대표는 이에 대해 아무런 설명을 하지 않고 있습니다. 정치인이라면 이에 대한 답변이 필요하지 않을까요?

을 통해 문제를 해결해 나갈 것을 약속드립니다. 현재 정부는 농축산물에 대한 지원, 수입 과일의 직수입 확대, 13개 과일 및 채소의 납품 단가를 지원하여 유통업체의 판매 가격 인하를 유도하는 다양한 물가 안정 대책을 추진하고 있습니다. 하지만 이러한 대책이 현장에서 체감되기까지는 시간이 소요됩니다. 그러므로 최대한 빨리 현장에서 대책의 효과가 체감될 수 있도록 추가적인 노력을 기울일 것을 당부드립니다.

이재명 대표 부부의 법인카드 세금 유용 사건에 대해, 전직 경기도 직원의 체포가 법관에 의해 필요성이 인정됐습니다. 이는 조명현 씨가 폭로한 내용과 관련이 있으며, 체포된 이 모 씨는 조명현 씨의 전임자입니다. 이 사실은 세금 유용 행위가 일시적이 아니라 장기간에 걸쳐 이루어졌다는 것을 시사합니다. 그러나 이재명 대표는 이에 대해 아무런 설명을 하지 않고 있습니다. 정치인이라면 이에 대한 답변이 필요하지 않을까요? 이재명 대표가 답변을 회피한다면, 민주당의 다른 관계

자라도 이 문제에 대해 합리적인 설명을 제공해야 합니다. 왜 아무도 이에 대해 말하지 않습니까? 또한, 권향엽 씨 및 김혜경 씨와 관련된 배우자실 구성은 비판의 여지가 있습니다. '배우자실'이라는 명칭 자체도 부적절하며, 이러한 조직이 과연 적절한지 의문입니다.

국민들은 비서 공천 문제에 대해 대단히 분노하고 있으며, 언론의 관심 또한 뜨겁습니다. 이 문제에 대한 국민의 분노는 이재명 대표 부부가 다른 사람과 공직자를 마치 자기 종이나 하인처럼 대하는 태도에서 비롯된다고 생각합니다. 이재명 대표 측은 권향엽 씨를 비서로 인정하지 않으면서도 실제로는 비서실에서 근무하게 했습니다. 이는 명백한 모순입니다. 또한, 수행을 하지 않았다고 주장하고 있지만, 실제 수행한 증거가 존재합니다. 이재명 대표는 과거 경기도와 성남에서 공직자들을 세금으로 월급을 지급받는 비서처럼 다루었습니다. 이는 비서의 역할을 잘못 이해한 것이며, 심지어 부정부패와 인간에 대한 학대에 가깝습니다. 글마침

DAY-073 2024. 03. 07

국정원의 대공수사 기능 복원

한동훈 국민의힘 비상대책위원장이 7일 "국민의힘은 4월 목련이 피는 총선에서 승리한 다음, 바로 국정원의 대공수사권을 회복하는 법률개정안을 내고 통과시키겠다"고 말했다. 한 위원장은 "이대로라면 통합진보당의 후신, 간첩 전력자 등이 올해 국회에 입성하게 된다"는 이유를 들었다. 한 위원장은 이날 오전 서울 여의도 중앙당사에서 열린 비상대책위원회의에서 "대부분의 나라에서 정보기관이 간첩잡는 업무, 대공업무를 한다. 그런데 더불어민주당이 그걸 없애버렸다"며 이렇게 말했다.

국정원의 대공수사권은 문재인 정부 당시 추진된 '권력기관 개혁' 방침에 따라 국정원법을 개정해 지난 1월 1일부터 경찰로 이관됐다. 윤석열 정부와 국민의힘은 국정원에 대공수사권을 계속 둬야 한다고 주장했다.

한 위원장은 "국정원의 대공수사 기능을 복원시켜야 한다는 게 우리 당의 일관된 생각이었고, 그 필요성이 더 커지고 있다"며 "왜냐하면 이재명 민주당 대표가 자기가 살기 위해 통합진보당 후신 등 종북세력에게 전통의 민주당을 숙주 정당으로 내주고 있기 때문"이라고 했다. 이어 "이대로라면 통진당의 후신, 간첩 전력자, 관련자들이 올해 국회에 입성하게 된다"며 "국회는 자료 요구권이 있다. 경찰, 검찰, 국정원, 국방부 핵심 자료들을 열람하고 파악하고 추궁할 수 있다"고 덧붙였다. 한 위원장은 "그럼에도 국정원에 대공수사권이 없으면 지금보다 훨씬 심각한 문제가 생길 것"이라며 "이번 선거에서 반드시 승리해 국정원의 대공수사 기능을 국가를 위해, 시민을 위해서 반드시 회복하겠다"고 강조했다.

> **"**
> 이대로라면 통합진보당의 후신, 간첩 전력자 등이 올해 국회에 입성하게 된다.

국정원의 대공수사권은 문재인 정부 당시 추진된 '권력기관 개혁' 방침에 따라
국정원법을 개정해 지난 1월 1일부터 경찰로 이관됐다.

DAY-074 2024. 03. 08

김영삼 前 대통령 부인 손명순 여사 조문
(서울대병원 장례식장)

중앙시장사거리 거리인사

단대오거리역 거리인사

재건축 추진 아파트단지 방문
(양지금호1단지아파트)

금호행복시장 방문

수지구청역 사거리 거리인사

보정동카페거리 방문 및 청년간담회

용인중앙시장 상인회 간담회
(경기 용인시 처인구 금령로107번길 13)

용인중앙시장 방문

" 용인은 역동적으로 발전하고 있으며, 앞으로 4년 동안 크게 변화할 것입니다. 그 변화의 주체가 되어 주십시오.

국민의힘 한동훈 비상대책위원장이 용인특례시를 방문하여 지지를 호소했다.

4월 8일 오후 2시 30분경, 용인특례시 수지구청역 사거리에서는 한동훈 위원장의 방문 소식을 듣고 모인 약 400명의 시민들로 인산인해를 이루었다. 용인 시민들과 처음으로 만난 자리에서 한 위원장은 "용인은 역동적으로 발전하고 있으며, 앞으로 4년 동안 크게

변화할 것입니다. 그 변화의 주체가 되어 달라"고 당부하며 "고석 후보는 국방과 정의를 잘 이끌 적임자입니다. 용인의 미래를 함께하겠다"고 강조했다. 또한, "민주당이 다시 국회를 장악할 경우 발생할 위험을 우리 모두가 알고 있습니다. 저와 고석 후보가 함께 그 위험을 막겠습니다"라고 호소했다.

고 후보는 "번영의 길을 걷자. 국민의힘과 함께 지역 발전을 위한 숙원사업을 완수하겠다"며 "더 이상 국민을 속이는 정치는 끝내겠다"고 선언했다. 이런 발언 동안 현장에서는 "한동훈을 지키겠다. 함께하겠다"는 지지자들의 함성이 울려 퍼졌다.

한 위원장은 이어 오후 3시경 용인 보정동의 카페거리를 방문해 강철호 후보와 함께 시민들과 교류했다.

카페거리를 거닐며 30분간 시민들과 가까이서 소통하는 한편, 사진 촬영, 악수, 손인사, 포옹을 나누며 시민들과의 친근감을 높였다. 한 카페에서 진행된 청년 간담회에서는 20여 명의 청년들이 한 위원장과 강 후보와 진솔한 대화의 시간을 가졌다.

이때 한 위원장은 "기성세대가 청년들의 어려움을 실감하고 있지 않다"며 "자원이 한정되어 있는 만큼, 정책 실행에 필요한 비용과 인력을 신중하게 고려해야 합니다. 오늘 이 자리가 청년들의 진정한 필요를 파악하는 기회가 되길 바란다"고 밝혔다.

강 후보는 "기존 정치인들과는 다른 새로운 접근으로 변화를 이끌기 위해 한 위원장과 협력하겠다"고 화답했다.

현장 스케치_아직은 썰렁한 날씨인데도 한동훈 전담 경호관들은 얼굴에 땀을 뻘뻘 흘렸다.

DAY-077 2023. 03. 11

비상대책위원회의
(중앙당사 3층 대회의실)

故 김영삼 대통령 영부인
손명순 여사 영결식
(국립서울현충원 현충관)

〈경기-서울 리노베이션TF〉
경기 고양시 시민 간담회
(라페스타 B동 1층 115호)

〈경기-서울 리노베이션TF〉
라페스타 방문

한동훈 비대위원장

동료시민 여러분, 국민의 선택이 한 달 앞으로 다가왔습니다. 저희는 운동권, 특권세력, 부패세력, 종북세력 합체로 자기 살기 위해서 나라 망치는 이재명 민주당의 폭주를 저지하고 동료시민을 위한 정치개혁과 민생 정치의 새 장을 열겠습니다. 국민의힘은 이재명 민주당의 21대 국회 내내 보여준 입법 폭주가 지속 강화되는 것을 저지하겠습니다.

국민의힘은 부패 세력들, 종북 세력들이 이재명 대표 민주당을 숙주로 대한민국을 장악하는 것을 막겠습니다. 국민의힘은 정치개혁을 약속했고 입법 조치 없이 할 수

> 이재명 민주당의 폭주를 저지하고 동료시민을 위한 정치개혁과 민생 정치의 새 장을 열겠습니다.

있는 것은 이미 실천하고 있습니다. 그리고 이번 총선을 거쳐 반드시 입법으로 완성할 겁니다. 포퓰리즘이라는 이재명 민주당을 반드시 극복해내겠습니다. 국민의힘은 지금 저희가 내놓고 있는 교통 재개발 등 각종 격차 해소 공약 등 실효성 있는 민생 공약들을 확실히 지켜서 민생경제를 활성화할 겁니다.

우리 당이 보다 많은 국민의 선택을 받을 수 있도록 저희가 제가 더 잘하겠습니다. 첫째, 진심의 정치를 하겠습니다. 한 분 한 분께 최선을 다하겠습니다. 반응의 정치를 하겠습니다. 국민의 목소리를 귀하게 여기고 두렵게 여기고 그때그때 반응하겠습니다. 셋째, 밀착의 정치를 하겠습니다. 당사가 아니라 지역에서 동료시민 여러분들을 뵙고 좋은 말씀을 많이 듣고 경청하겠습니다. 넷째, 섬세한 정치를 하겠습니다. 정책의 차이는 결국 디테일에서 나온다는 것을 저희는 알고 있습니다. 동료시민들의 현실의 삶을 개선할 수 있는 섬세한 정치, 그리고 끝까지 챙기는 정치를 하겠습니다.

우리 국민의힘이 대한민국 미래가 앞으로 나아갈 수 있게 국민을 국민의 미래를 책임질 수 있도록 저희를 선택해 주시기 바랍니다. 저희는 정말 열심히 하겠습니다. 정말 최선을 다하겠습니다.

최근 한국은행 발표 자료에 따르면 작년 우리나라 1인당 GDP가 1년 만에 2.6% 반등했다고 합니다. 나름 좋은 신호라고 생각합니다만 갈 길이 아직 멉니다. 우리나라는 7년째 1인당 GDP가 3만 달러대에 머물고 있기 때문입니다. 1인당 GDP 4만 달러의 안정적인 선진국에 진입하기 위해서는 저희는 반도체 규제 완화가 반드시 필요하다고 생각합니다. 실제로 용인 반도체 부지의 경우에 선정된 지 5년 지났지만 아직 첫삽도 뜨지 못하는 것은 각종 규제에 얽혀 있기 때문이라는 지적이 나옵니다. 국민의힘은 반도체 규제의 원샷 해결을 최우선 정책과제로 추진할 것입니다. 우리 반도체 산업이 1인당 GDP 4만 달러의 물꼬를 틀 수 있도록 각종 규제를 해소할 것임을 저희가 약속드립니다.

DAY-078 2023. 03. 12

철도 지하화 공약 관련 현장 방문
(서울 영등포구 경인로 846)

타임스퀘어 거리인사
(타임스퀘어 광장)

목동깨비시장 방문
깨비시장 상인회 간담회
(서울 양천구 목동중앙북로 28)

66

과거의 발언이 현재 어떻게 일할지 보여주는 면이 있으므로, 그러한 경우에는 더 엄격하게 평가해야 한다.

국민의힘 한동훈 비상대책위원장이 법무부 장관으로 재직하던 시절, 이종섭 전 국방부 장관의 출국 금지 해제에 대한 책임을 묻는 주장에 대해 "장관직을 내려놓은 이후의 일"이라며 "당대표로서 설명하는 것은 적절하지 않다"고 밝혔다.

이와 관련하여, 한 위원장은 12일 여의도 국민의힘 중앙당사 앞에서 기자들과 만나 이준석 개혁신당 대표의 주장을 언급하며 "법무부 장관 시절 이 전 장관의 출국 금지 상태를 몰랐다면 그것은 무능이며, 알고 있었

다면 도주에 대한 책임을 져야 한다는 주장은 잘못된 것"이라고 강조했다.

또한, 공수처가 출국 금지 해제에 반대했음에도 불구하고 이뤄진 것이 이례적이라는 지적에 대해서는 "공수처가 그런 입장을 낸 것인지, 수사기관이 어떤 입장을 내놓았는지는 잘 모르겠다"며, "프로세스가 그렇게 진행되는 것은 아니다"라고 의문을 표했다. 그는 "그 사안에 대해 잘 알지 못하므로, 가정을 바탕으로 한 전문가적 입장에서 당대표로서 설명하는 것은 적절하지 않다"고 덧붙였다.

이어 박덕흠 의원이 공천 후 지역에서 당선 축하 파티를 개최한 사건에 대해서는 "그러한 행위는 절대로 허용되어서는 안 된다"며 "이런 문제는 진심으로 국민을 위해 일하고자 하는 많은 사람들의 의지를 꺾을 수 있다"고 경고했다.

한편, 도태우 변호사가 대구 중·남 지역에서 공천을 받은 후 5·18민주화운동을 폄훼한 발언으로 논란이 일자, 그의 공천을 재검토하기로 한 사안에 대해서는 "과거의 발언이 현재 어떻게 일할지 보여주는 면이 있으므로, 그러한 경우에는 더 엄격하게 평가해야 한다"고 말했다. 그는 "직접 상세히 확인한 것은 아니지만, 여러 의견을 수렴하여 공천관리위원회에서 다시 검토할 필요가 있다고 결정했다"고 설명했다.

현장 스케치_어린 아이와 사진을 찍기 위해 한 위원장은 기꺼이 무릎을 꿇었다.

DAY-080 2023. 03. 14

구포시장 방문 및 상인회 간담회
(부산 북구 구포시장길 1)

괴정골목시장 방문 및 상인회 간담회
(부산 사하구 사하로198번길 7)

김해지역 학부모 간담회
(경남 김해시 내외중앙로 40, 2층)

외동전통시장 방문 및 상인회 간담회
(경남 김해시 내외로 80)

국민의힘 한동훈 비상대책위원장이 부산 북구에 위치한 구포시장을 첫 방문지로 선택한 후 상인회와의 간담회에 참석했다. 시장을 둘러보면서 상인들과 함께 사진을 찍고, 상점 이름을 부르며 격려의 메시지를 전달했다. 한 상인은 '한동훈'이라고 쓰인 스티로폼 팻말을 들고 그를 반겼다.

상인회 간담회에서 한 위원장은 구포시장 방문이 자주 있었다고 언급하며, "오늘 들은 여러분의 이야기를 서병수 의원과 함께 반드시 정책에 반영하고 문제를 해

> **"**
> 이번 선거는 대한민국의 미래 방향을 결정짓는 중요한 선택의 기회입니다. 대한민국의 진전을 원하는 많은 시민들이 우리를 선택할 겁니다.

결하겠다"고 약속했다. 구포역에 에스컬레이터 설치 요청에 대해 서 의원은 "1년 내로 설치를 완료하겠다"고 답하며, 한 위원장은 서 의원이 정책을 직접 설명하는 것이 더 좋을 것이라고 말했다.

이후 괴정골목시장에서의 유세에서 한 위원장은 "부산에 더 좋은 변화를 가져오겠다. 우리가 부산의 새로운 정치를 이끌 것이니 지켜봐 달라"고 호소했다. 이 과정에서 해병대 예비역 연대가 '채생병 특검'을 요구하며 시위를 벌이는 소동이 있었으나, 곧 중단되었다.

김해로 이동한 한 위원장은 학부모들과의 간담회에서 교육 격차 문제 해결을 위한 공교육 강화와 지원 확대를 약속했으며, 교권 회복을 위한 법안을 조속히 추진하겠다고 밝혔다.

기자회견에서 한 위원장은 유죄 확정된 비례대표의 후임자 선정 금지 법안을 추진하겠다고 발표하고, 특정 정당을 지목하며 비판의 날을 세웠다. 그는 "이번 선거는 대한민국의 미래 방향을 결정짓는 중요한 선택"이라며 "대한민국의 진전을 원하는 많은 시민들이 우리를 선택할 것"이라고 자신감을 표현했다.

마지막으로 경남 김해시 외동전통시장을 방문한 한 위원장은 시민들의 환대에 감사를 표하며 "시민들의 기대에 부응하기 위해 끝까지 최선을 다하겠다"고 다짐했다. 그는 자신이 정치를 시작한 지 얼마 되지 않았다며 초심을 잃지 않겠다고 강조했다.

DAY-081 2023. 03. 15

순천 시민 간담회
(전남 순천시 장평로 60 | 아랫장번영회)

순천 웃장 방문
(전남 순천시 북부시장3길 67)

광주실감콘텐츠큐브(GCC) 입주업체 간담회
(광주 남구 송암로24번가길 46)

광주 충장로 거리인사
(광주 동구 충장로 94)

전주 한옥마을 거리인사
(전북 전주시 완산구 기린대로 99)

전북 거주 청년간담회
(전북 전주시 완산구 최명희길 20)

15일, 국민의힘 한동훈 비상대책위원장이 이종섭 주호주 대사의 출국과 관련된 논란에 대해 언급하며, "이 대사는 신속히 귀국하여 문제를 해결해야 한다"고 말했다. 한 위원장은 이전에도 "이 대사가 수사를 거부하고 있지 않기 때문에 언제든지 조사를 받을 수 있다"고 언급한 바 있으며, 이번 발언은 '이종섭 리스크'를 신속히 처리해야 한다는 점을 강조한 것이다.

광주 남구에서 열린 광주실감콘텐츠큐브(GCC) 입주업체 간담회 후 기자들과의 만남에서 한 위원장은 이

> 저희는 과거와 이념에 천착하지 않는다. 그래서 제가 여기 온 것이고 5·18 정신을 존중한다는 면을 강하게 보여드린 것.

대사의 논란이 수도권 선거에 영향을 미칠 수 있다는 질문에 "공수처가 출국 금지를 요구한 상황에서, 이 대사는 소환에 응해야 하며 공수처는 신속히 조치를 취해야 한다"고 답했다. 이와 관련하여 여당 내부에서는 한 위원장에게 이 대사 문제 해결을 요청하는 목소리가 커지고 있다고 한 관계자가 전했다.

이 대사는 언론을 통해 "부적절한 상황을 조기에 종결시키기 위해 공수처에 언제든지 소환될 준비가 되어 있다고 요청했다"고 밝혔다.

한편, 한 위원장은 5·18 북한 개입설로 논란이 된 도태우 후보의 공천 취소 사건 이후, 전남 순천과 광주, 전북 전주를 방문해 호남 지역에서의 성공적인 선거 결과를 간절히 바라는 마음을 표했다. 광주 충장로에서는 "국민의힘은 5·18 민주화 운동의 정신을 존중하고 이어나가겠다"고 말했다.

전남 순천에서의 간담회에서는 "높은 농축산물 가격에 대응하여 긴급 가격 안정 자금 1500억 원을 다음 주부터 투입할 것"이라고 발표했다.

국민의힘은 서울 강남과 대구, 울산 등에서 공천을 확정지었다. 서울 강남에서는 서명옥 전 한국공공조직 은행장과 박수민 전 유럽개발은행 이사를 공천했으며, 대구와 울산에서는 각각 최은석 전 CJ제일제당 대표 이사, 김상욱 변호사가 후보로 나설 예정이다.

또한 서울 중-성동의 경선 관련 이의신청이 하태경 의원에 의해 제기되었으나, 관련 증거가 부족하다는 이유로 기각되었다.

DAY-082 2023. 03. 16

오산 오색시장 상인회 간담회
(오색시장 고객지원센터 3층)

오산 오색시장 방문
(경기 오산시 오산로272번길 22)

유의동 경기 평택시병 후보
선거사무소 개소식
(경기 평택시 평남로 862, 3층)

학부모 교육간담회
(정진원의 커피볶는집 제이앤제이점)

평택 통복시장 방문
(경기 평택시 통복시장로25번길 10)

국민의힘 한동훈 비상대책위원장이 16일 평택시 통복시장에서 유세를 하며 "이번 총선은 대한민국의 미래를 결정짓는 중요한 선거"라고 강조했다. 그는 "선진정치와 전진정치로 후진정치를 극복하고, 평택에서 새로운 시작을 하겠다"고 말하며, 평택 갑·을·병의 한무경, 정우성, 유의동 예비후보와 함께 시민들에게 지지를 호소했다.

> ❝
> 선진정치와 전진정치로 후진정치를 극복하고, 평택에서 새로운 시작을 하겠다.

이날 통복시장 유세 현장에서는 한 위원장의 도착을 기다리는 수백 명의 시민들이 '한동훈'을 연호하며 그의 방문을 환영했다. 윤석열 정부의 평택 첨단전략산업 지원 정책을 강조하며 한 위원장은 "내일부터 새로운 선거운동을 시작할 것"이라며 "시민 여러분의 힘을 모아 반드시 승리하겠다"고 역설했다.

그는 시민들과 직접 손을 잡고, 셀카를 찍으며 유세를 이어갔고, 특히 초등학생에게 꽃을 받으며 장난스럽게 대화를 나누는 모습도 보였다. 유세는 30분간 지속되었고, 한 위원장이 지나가는 골목마다 큰 환호와 함께 시장 상인들의 관심이 집중되었다.

유세에 앞서 한 위원장은 평택시 비전동에서 초중등 학부모들과 만나 평택 교육발전특구 지정 등 교육 관련 정책을 논의했다. 그는 "아이들의 문제에는 정답이 없으며, 세금으로 할 수 있는 지원은 한계가 있다"며 정책의 세밀함을 강조했다. 이어진 평택병 유의동 예비후보의 선거사무소 개소식에서는 유 의원을 강력히 지지하며 "유 의원은 개인의 이익이 아닌 공동체의 전진을 위한 승리를 추구하는 인물"이라고 칭찬했다.

한 위원장은 같은 날 오전 오산시 오색시장에서도 상인회 간담회를 가진 후 김효은 예비후보를 지원했다.

현장 스케치_ 4차선 도로가 마비되는 등, 한 위원장이 가는 곳마다 인산인해를 이루었다. 대형사고가 날 뻔하기도 했다.

DAY-083 2024. 03. 17

중앙선거대책위원장 회의
(중앙당사 3층 대회의실)

한동훈 비대위원장

선대위 공식 출범 후 첫 번째 중앙선거대책위원장 회의입니다. 오늘로 D-24인데요. 이제부터는 정말 본선이고 더 이상 연습 경기 없고, 국민의 선택을 받기 위해서 마지막까지 최선을 다하겠다는 말씀을 드립니다.

이번 선거는 대한민국을 후진시키느냐 전진시키느냐를 결정하는 선거이고, 범죄자들이 뻔뻔스럽게 폭주하며 방탄해온 민주당의 국회 독재를 심판하는 선거가 될 것입니다. 이재명 대표의 민주당은 벌써 153석+알파라면서 샴페인을 터뜨리는 분위기고 이익 동맹인 조국 대표도 야권의 200석을 입에 올리면서 우리 국민을 조롱하고 있습니다. 이재명 대표는 3년 이상 임기가 남은 대표에 대해 해고하자라면서 공공연히 탄핵을 하겠다고 합니다.

정부와 국민의힘을 향해서는 겨우 한 줌이라고까지 했습니다. 이재명의 민주당, 조국 통진당의 후예들이 뭉친 후진 세력들의 탄핵 본색이 드러난 것이고, 진짜 목표가 드러난 겁니다.

> **"**
> 이재명 대표는 3년 이상 임기가 남은 대표에 대해 해고하자라면서 공공연히 탄핵을 하겠다고 합니다.

거대 야당인 민주당과 그와 야합한 세력들이 지난 4년간 입법 독재하면서 얼마나 오만하게 국민 알기를 우습게 아는지를 알 수 있습니다. 이런 범죄세력의 연대가 다음 국회까지 장악해서 난장판을 펼치는 것을 반드시 막아야 합니다.

이럴수록 우리 국민의힘은 더욱 국민 앞에서 겸손한 자세를 보이고 국민의 마음을 얻기 위해서 민생개혁과 정치개혁에 올인하자는 말씀을 드립니다.

이번 총선은 거대 민주당이 장악한 국회 심판 선거입니다. 민주당은 사사건건 국정을 발목 잡고 5인 이상 50인 미만의 중대재해처벌법 유예와 같은 소상공인 정책, 산업은행 이전과 같은 지방 균형 정책을 외면하면서 불법 파업을 부추기는 노란봉투법, 방송장악법 등 악법만 단독으로 통과시켜가면서 지난 4년간 입법독재를 해왔습니다. 국민들께서 선택하신 정부가 제대로 일할 기회 한 번 안 주고 대통령 탄핵을 입에 올리는 것이 정상적인지 저희는 묻고 싶습니다.

총선은 대통령을 뽑는 게 아니라 입법부를 국회를 뽑는 국회의원을 뽑는 선거입니다. 이번 총선은 지난 4년간 민주당이 장악한 국회가 만든 난장판을 심판하는 국회 심판 선거가 될 것입니다. 우리 국민의힘은 시스템 공천에 따라서 국민의 눈높이에 맞춰서 국민들의 비판에 그때그때 반응하고 겸허하게 수용하면서 열심히 일할 후보들을 내세우려고 최선을 다하고 있습니다만, 민주당은 민생이 어떻게 되든 간에 대표의 묻지마 방탄에만 올인할 후보로 친명일색으로 다음 국회를 구성하고 있습니다.

대표의 배우자인 배우자, 비서를 한 후보까지 기어코 공천하는 이재명 대표의 사당이지 더 이상 공당이라고 부를 수 없게 되었습니다. 저는 이번 총선에서 민주당이 장악한 국회를 심판하자고 국민들께 호소하겠습니다. 국민의힘은 미래 그리고 전진 세력입니다. 민주당과 조국 통진당의 후예들이 범죄 연대를 통해서 대한민국을 후진시키려는 세력이라면 우리 국민의힘은 미래 세력이자 전진 세력입니다.

우리는 소수 여당의 어려운 여건 속에서도 반도체 시설 투자에 대규모 세제 지원을 하는 K칩스법, 노후화된 1기 신도시 재건축을 촉진하는 1기 신도시의 특별법, 주민의 삶의 질과 도시 경쟁력을 동시에 높여줄 철도 지하화 특별법을 통과시켰습니다. 그리고 기업 워크아웃 제도의 존속을 3년간 연장하는 기업구조조정 촉진법, 그리고 대한민국 5대 대한민국을 5대 우주강국으로 만들 우주항공청법도 통과되었고 그래서 두 달 뒤 출범할 예정입니다.

하나같이 국민이 처한 현실의 삶을 개선하고 대한민국의 미래를 위한 전진하겠다는 입법이었습니다. 저희에게 조금의 의석만 더 있었다면 21대 국회가 이런 밀당 독재로 운영되지만 않았더라면 우리는 더 많은 변화를 이뤄냈을 겁니다. 우리 국민의힘은 정말 일하고 싶습니다. 동료시민의 삶과 나라의 미래를 위해서 간절히 일하고 싶습니다. 국민의 일상 속에서 진짜 변화를 만들어내고 싶은 마음뿐입니다.

DAY-084 2024. 03. 18

중앙선거대책위원장 회의
(중앙당사 3층 대회의실)

한동훈 비대위원장

어제 저는 지난 4년간 거대 민주당이 범죄 방탄 등으로 변질되면서 국민의 삶에 의미 있는 변화를 이끌어 내지 못했을 뿐만 아니라 그런 노력을 하고 있는 정부의 노력을 막았다는 말씀을 드린 바 있습니다. 이번 총선은 범죄자 방탄을 위한 것도 아니고 범죄자를 위한 사당화를 위한 것은 더더욱 아닙니다. 물가를 잡고 대한민국 미래 먹거리 사업을 지원하고 미래세대를 위한 밑그림과 비전을 그려야 하고 이를 위해서 각 당이 경쟁을 펼쳐야 한다고 생각합니다.

우리 국민의힘부터 그런 방향의 선봉에 서겠다는 말씀을 드립니다. 국민들의 물가 고통이 계속되고 있습니다. 시장과 현장을 방문할 때마다 저희는 대단히 송구한 마음입니다. 물가 안정은 대책의 정교함과 타이밍이 중요합니다. 지난주 우리 국민의힘은 농축산물의 물가 안정을 위해서 1500억 원 긴급 투입하는 방안을 약속했고 이미 시행되고 있습니다. 그걸 끝까지 챙기겠습니다. 납품단가 지원은 기존 13개 품목에서 21개 품목으로 대폭 확대하고 농산물의 할인 예산도 2배 확대하고 축산물도 50%까지 할인하는 행

66
시장과 현장을 방문할 때마다 저희는 대단히 송구한 마음입니다. 물가 안정은 대책의 정교함과 타이밍이 중요합니다.

> 66
>
> 어려울 때 더 강해지는 것이 책임감과 사명감을 가진 사람들의 특징입니다. 우리 국민의힘은 그런 사람들을 대변하는 정당입니다.

사를 연중 시행할 계획입니다. 저희 집권여당의 국민의힘 정책은 곧 실천입니다. 조만간 물가 안정 대책을 위한 당정협의를 추진할 계획입니다. 물가 이슈에 집중된 당정 협의를 통해서 물가 대책을 실효성 있게, 그리고 즉각 피부로 국민들이 느낄 수 있게 하겠습니다. 정부도 별도로 특단의 대책을 준비 중인 것으로 알고 있습니다. 저희도 잘 뒷받침하겠습니다.

이번 총선을 앞두고 4년 전을 되돌아보면 지난 4년 전 총선에서 경기도 57개 59개 선거구에서 단 7곳만을 저희가 승리했고, 서울 49개 선거구에서도 8곳, 인천 11개 선거구에서는 겨우 1곳만 당선됐습니다. 저희가 그 이후에 대단히 많은 반성을 하고 많은 개선을 했습니다. 절박하게 뛰어왔습니다. 어려울 때 더 강해지는 것이 책임감과 사명감을 가진 사람들의 특징입니다. 우리 국민의힘은 그런 사람들을 대변하는 정당입니다. 그렇기 때문에 저희는 민주당처럼 섣불리 승리를 예견하면서 자만하지 않고 한 표 한 표가 소중하다는 자세로 끝까지 최선을 다하겠습니다. 그 과정에서 국민을 위한 정치를 해야 한다는 명분, 그리고 나라를 망치려는 범죄자 세력의 연대를 막아내겠다는 명분을 잃지 않겠습니다. 민주당에 주시는 한 표는 이재명 대표를 위해 쓰이겠지만 국민의힘에 주시는 한 표는 동료시민의 미래를 만들 것이라는 말씀을 드립니다. 고맙습니다.

DAY-085 2024. 03. 19

중앙선대위 발대식 및 공천자대회
(국회 의원회관 대회의실)

남성 사계시장 방문
(서울 동작구 동작대로29길 52)

인왕시장 방문
(서울 서대문구 인왕시장길 16)

경의선숲길 방문
(서울 마포구 백범로 152)

한동훈 비상대책위원장은 3월 19일 열린 국민의힘 중앙선대위 발대식 및 공천자 대회에서 윤석열 정부의 성패를 놓고 강한 어조로 발언했다.

"이번 선거에서 패배한다면, 윤석열 정부는 자신의 정책을 전개해볼 기회조차 없이 끝날 것"이라고 말하며, "결국 서서 죽겠다"고 표현했다. 이는 최근 국민의힘의 위기론이 제기되는 상황에서 나온 것으로 한 위원장의 발언은 과거에 비해 훨씬 더 절박함을 담고 있다. 이는 지난 1월의 '꽃 피는 봄에 승리하겠다' 는 비교적 낙관적인 메시지와 대조적이다.

> ❝
> 이번 선거에서 패배한다면, 윤석열 정부는 자신의 정책을 전개해볼 기회조차 없이 끝날 것입니다.

한 위원장의 단호한 태도는 국민의미래 비례대표 명단을 둘러싸고 친윤계와의 갈등이 고조되면서 더욱 명확해졌다. 특히 주기환 전 국민의힘 광주시당위원장의 공천 문제를 둘러싼 대응에서 그의 단호함이 드러났다. 주 전 위원장은 공천에서 배제되자 비례대표 후보에서 사퇴했으며, 윤 대통령은 그를 3월 21일 대통령 민생특보로 임명했다.

친윤계 인사들이 이러한 사태에 대해 한 위원장의 접근을 비판하면서, 호남홀대론을 간접적으로 언급했다. 이철규 의원 등이 주 전 위원장의 배제를 비판한 것은 당내에서의 그의 영향력을 반영하는 것이었다. 이러한 비판에도 불구하고 한 위원장은 "친윤 검찰 수사관 출신을 당선권에 배치하는 것이 국민의 눈에 어떻게 보일지 고려해야 한다"고 맞섰다.

한 위원장은 이번 선거의 중요성을 강조하면서 국민의힘의 중도층 확장을 목표로 삼고, 특히 호남 지역에서의 선전을 강조했다. 2012년 박근혜 전 대통령의 선거 전략을 모델로, 경제민주화를 통한 중도 확장 전략을 채택하며 호남에서 후보를 공천한 것이 그 사례로 꼽힌다. 또한, 윤 대통령의 선거 전략과 유사하게, 한 위원장은 호남 방문을 통해 지역 민심을 얻기 위해 노력했고 광주에서는 5·18 민주화운동에 대한 존중을 강조했다.

DAY-086 2024. 03. 20

경기 안양 현장선거대책위원회의
(안양남부새마을금고 본점 강당)

초원어린이공원 거리인사
(경기 안양시 동안구 관평로138번길 47)

관양시장 거리인사
(경기 안양시 동안구 관평로 330)

안양 중앙시장 거리인사
(경기 안양시 만안구 장내로 116)

한동훈 비대위원장

안녕하십니까, 한동훈입니다. 저희가 앞으로 이렇게 현장에서 회의를 많이 하게 될 겁니다. 왜냐하면 저희는 지금 현장을 다녀야 할 때이고 현장에서 동료시민들의 말씀을 듣고 동료시민들을 위한 정치를 해야 할 때이기 때문입니다.

제일 먼저 저희가 경기도에 왔습니다. 수도권 승리에 대한 중요성은 굳이 설명하지 않아도 모두가 공감하실 겁니다. 수도권의 선택을 받지 않아서는 선거 승리란 있을 수 없습니다. 저희가 승리하지 못하면 대한민국은 정말 암울한 시기를 맞게 될 겁니다. 그래서 우리는 수도권의 민심에 더 민감하고 책임감 있게 반응

> 66
> 우리는 수도권의 민심에 더 민감하고 책임감 있게 반응해야 한다고 생각합니다. 손끝에 느껴지는 작은 온도까지도 무겁고 예민하게 받아들이고 …

해야 한다고 생각합니다. 손끝에 느껴지는 작은 온도까지도 무겁고 예민하게 받아들이고 거기에 그때그때 기민하게 반응해야 합니다. 그만큼 우리의 힘은 수도권 그리고 경기도에 절실합니다. 경기도는 통진당후신세력의 국회 진입로를 열어주고 있는 민주당의 이재명 대표의 정치적 출생지이기도 합니다.

우리 국민의힘은 대한민국의 중추인 생활인의 터전인 경기도를 반국가 세력과 야합하는 이재명의 민주당에 결코 내주어서는 안 된다는 말씀드립니다. 결코 쉬운 일은 아니지만 우리는 경기도에서 충분히 할 수 있다고 생각합니다. 그 이유는 우리에겐 경기도에서 승리를 견인할 만한 동료시민들의 신뢰를 받을 만한 유능한 인재들이 있기 때문입니다. 그 유능한 인재들을 우리가 후보로 내세웠기 때문입니다. 경기권역에 선대위원장과 김은혜 후보가 있고 송석준 경기도당 위원장이 계십니다. 안양에도 심재철 후보님을 비롯해서

검증된, 능력 있는 인재들이 경기도 전역에 포진해 있습니다. 국민의힘이 자신 있게 내세운 기호 2번 후보들이 경기에 1400만 동료시민의 일상을 바꾸고 보다 나은 미래를 만들어 드릴 겁니다.

국민의힘은 국민과의 약속을 지키는 정당입니다. 대선당시에 공약했던 1기 신도시 특별법을 여소야대의 어려움 속에서도 주도적으로 통과시켰습니다. 이어 올해 초에는 정부가 준공 후 30년에 이른 노후 아파트의 경우에 안전진단을 면제해주고 재건축을 할 수 있도록 규제를 대폭 완화하겠다고 발표했는데 이 정책에 대해서 민주당에서는 총선용 포퓰리즘이라고 비난했었습니다.

경기도민 여러분께 여쭙겠습니다. 정말 이게 하지 말아야 할 정책입니까? 총선용 포퓰리즘 정책입니까? 저희는 이 정책을 반드시 하겠다는 정당이고 민주당

DAY-086 2024. 03. 20

은 반대하는 정당입니다. 여러분 재건축 규제 완화에 대한 양당의 생각을 보고 선택해 주십시오. 안양, 평촌을 비롯해서 분당, 일산, 산본, 중동 1기 신도시의 5곳이 모두 이 경기도에 소재하고 있는데 주민의 주거 환경을 획기적으로 개선하는 정책을 놓고 포퓰리즘이라는 민주당이 다시 경기도 의석을 차지한다면 경기도민이 바라는 신도시의 재정비는 불가능해질 겁니다. 그냥 정치적인 선택이 아니라 생활의 선택, 현실의 선택이 바로 이번 총선에서의 경기도민의 선택이 될 것이라는 말씀을 드립니다.

녹물과 주차난, 층간소음 등 매일같이 이어지는 불편과 안전 문제 갈등을 수십 년간 감내하면서 지내온 주민들의 고통을 우리 국민의힘이 해결하겠습니다. 우리가 보다 책임있게 주도적으로 주민들의 쾌적하고 안락한 주거환경 조성에 임할 수 있도록 저희들에게 기회를 주십시오. 저희가 잘하겠습니다. 우리는 재건축은 물론 교통 교육 문제 등 국민의 일상 속의 격차 해소의 현안들을 해결해 나갈 자신이 있습니다. 우리는 사실 사람이 쏟을 수 있는 에너지에는 노력에는 한계가 있습니다. 아무리 열심히 하더라도 능력에 한계가 있고 체력에 한계가 있고 집중력에 한계가 있죠.

이재명 대표가 이끄는 더불어민주당과의 근본적인 차이가 그 지점입니다. 우리는 이재명 대표의 경우처럼 범죄자에 대한 방탄이나 재판 방어를 당 차원에서 해야 될 이유가 없거든요. 그럴 상황도 없고 그렇기 때문에 우리는 오롯이 동료시민의 삶에 집중할 수 있는 겁니다.

여러분, 지금까지 민주당이 해온 정치를 보십시오. 이게 다시 반복되면서 대표가 재판을 다니고 구속되느냐 마느냐 돈봉투를 받았느냐, 말았느냐 이게 쌓이게 될 겁니다. 저희가 다수당이 되면 신문 지면에 나올 기사들은 이런 겁니다. 재건축 규제가 어떻게 해소됐다, 경기도에서 어떤 교통혁신이 이루어지고 있다. 주민들의 민원을 어떻게 해결했다, 우리는 해결한다는 기사가 나올 겁니다. 민주당이 다시 국회를 장악하게 되면 방어했다는 기사만 나오게 될 겁니다. 여러분 그게 얼마나 큰 차이겠습니까? 그동안 4년 동안

봐오시지 않았습니까? 앞으로 4년을 그렇게 보낼 겁니까? 저희는 그걸 막고 싶습니다.

아울러 저희는 일자리 문제에 대해서도 대단히 집중하고 있다는 점을 말씀드립니다. 여러분도 아시다시피 경기도에는 1400만 동료시민이 살고 계십니다. 저희가 일자리 대책을 준비하고 있고 일자리 관련한 다양한 공약을 내세웠는데요. 그 공약의 대부분은 이곳 경기도에 해당하는 것입니다. 교통격차 해소 문제도 역시 그 일자리 해소 문제와 직결되어 있습니다. 저희는 대한민국의 미래 산업을 주도한 우수한 기업들이 몰려 있는 경기도에 그리고 양질의 일자리가 있는 경기도에 더욱더 양질의 일자리가 많이 만들어질 수 있도록 최선을 다할 겁니다.

DAY-087 2024. 03. 21

윤재옥 대구 달서구을 후보
선거사무소 개소식
(대구 달서구 월배로 202, 6층)

서문시장 거리인사
(대구 중구 달성로 50)

동성로 거리인사
(대구 중구 동성로 28)

경산공설시장 거리인사
(경북 경산시 경안로31길 19)

국민의힘 한동훈 비상대책위원장이 4월 10일 총선을
앞두고 21일, 여당의 중심지인 대구·경북(TK) 지역에서
표심 공략에 나섰다.

이날 총선 후보 등록 첫날을 맞아, 한 위원장은 특히
지지층 결집을 목표로 TK 지역을 방문해 선거 운동
을 본격화했다. 그는 TK 지역 무소속 후보들에게도
명확한 견제 메시지를 보냈다.

경산시장에서의 연설에서 한 위원장은 무소속 후보자
들의 국민의힘 복당을 엄격히 금지하겠다고 선언하며

> " 정치에 몸담은 지 얼마 되지 않았지
> 만, 약속을 지키고 뚜렷한 원칙을 갖
> 고 행동하는 사람.

"정치에 몸담은 지 얼마 되지 않았지만, 약속을 지키고 뚜렷한 원칙을 갖고 행동하는 사람"이라고 강조했다. 한 시민의 질문에 그는 이러한 입장을 다시 한번 확고히 밝혔다.

대구 중·남구의 도태우 후보와 경산의 최경환 후보 등을 겨냥해 "당선되더라도 국민의힘으로 복귀할 수 없다"는 분명한 입장을 표명했다.

한 위원장은 또한 대구 서문시장과 동성로를 방문해 '민주당 심판'을 강조하며 TK 지지층의 결집을 촉구했다. 그는 "대구는 한국의 어려운 시기마다 나라를 구해낸 도시"라며 "이제 진정한 선거가 시작되며, 그 출발점이 대구라는 것이 자랑스럽다"고 했다.

그는 또한 "이재명과 그의 범죄 연루 세력, 그리고 통진당 후예들이 대한민국을 망가뜨리려 한다"고 주장하며 강력한 반대 입장을 표했다. "이제부터 시작이며, 우리가 승리할 것"이라고 강조하며 "대구와 경북이 대한민국을 지키겠다는 강한 의지가 전국에 퍼져야 한다"고 말했다.

이날 한 위원장의 방문에는 윤재옥 원내대표를 비롯한 여러 TK 지역 후보들이 동행했다. 국민의힘은 이들 후보의 공약을 담은 자료를 배포하며 유권자들에게 후보들의 공약을 적극 홍보했다. 대구 달서구의 후보들에 대해서는 "지역 인프라를 혁신해 달서구를 더욱 발전시킬 유능하고 추진력 있는 후보"라고 설명했으며, 윤재옥 후보의 주요 공약과 중·남구 김기웅 후보의 지역 개발 공약, 경산 조지연 후보의 반도체 관련 공약도 소개했다.

현장 스케치_대구 서문시장 역대급 인파, 취재하다 넘어졌다. 정말 죽을뻔 했다!

DAY-088 2024. 03. 22

장동혁 충남 보령시서천군 후보
선거사무소 개소식
(충남 보령시 번영로 25, 3층)

보령중앙시장 거리인사
(충남 보령시 중앙시장2길 9)

당진전통시장 거리인사
(충남 당진시 당진시장길 99)

제9회 서해수호의 날 기념식
(해군 제2함대사령부)

서인사거리 앞 거리인사
(경기 안성시 중앙로382번길 5)

경기광주역 금호리첸시아 광장 거리인사
(경기 광주시 경안로41번길 6)

'총선 후 유학설'에 대해 선을 그으며
"저는 뭘 배울 것이 아니라 무조건 봉
사하는 일만 남았다"고 말했다.

한동훈 국민의힘 비상대책위원장은 22일 '총선 후 유
학설'에 대해 선을 그으며 "저는 뭘 배울 것이 아니라
무조건 봉사하는 일만 남았다"고 말했다.

한 위원장은 이날 충남 당진전통시장 거리인사에서 "책임감 있게 굴고 이 나라와 나라의 미래를 생각하며 최선을 다할 것"이라며 이같이 밝혔다. 한 위원장은 "우리는 국제 사회에서 인정받고 국익을 지키는 정치를 할 것"이라고 했다.

이어 이재명 민주당 대표를 겨냥해 "이 대표가 양안(중국과 대만) 관계가 어떻게 되든 상관이 없다고 했는데 도대체 무슨 소리냐"고 목소리를 높였다.

한 위원장은 "우리 윤석열 정부는 외교적으로 필요한 목소리를 내는 사람들"이라며 "중국에 끌려가지 않는 사람, 오로지 대한민국의 국익만 생각하는 정치 세력"이라고 강조했다. 그는 야권에서 제기한 탄핵 공세에 대해선 "민주당은 민생을 챙기는 방법이 탄핵밖에 없다"며 "우리는 현실적으로 민생을 챙기는 당"이라고 말했다.

한 위원장은 당진에 출마하는 국민의힘 정용선 후보에 대한 지지를 호소하기도 했다. 당진은 현역 재선 어기구 민주당 의원의 지역구다. 그는 "오랜 공직 생활을 하면서 국가를 위해 봉사해 왔으며 공공선을 버린 적이 없다"며 "국회에서 저와 함께 뜻을 펼치게 해달라"고 했다.

현장 스케치_ 억수같이 내리는 비에도 아랑곳하지 않고 우의를 벗어던지며 역대급 연설을 이어갔다.

DAY-090   2024. 03. 24

중앙선거대책위원회의
(중앙당사 3층 대회의실)

> **66**
>
> 민주당의 선대위 기구들을 보면, 모든 걸 심판하자, 심판하자 뿐입니다. 모든 걸 갈아엎자, 망가뜨리자, 이게 위원회의 사실상 전부입니다.

한동훈 비대위원장

안녕하십니까? 중앙선거대책위원회의를 시작하겠습니다. 후보 등록을 마치고 하는 첫 선대위니 만큼 우리 후보들께 당부의 말씀을 전하겠습니다. 오늘부터는 무조건 상대보다 1시간 더 일찍 일어나서 1시간 더 늦게 들어갑시다. 상대보다 한 분이라도 더 많이 만나고 더 만나 손잡고 우리의 진정성을, 그리고 이 선거에 중대함을 피력합시다. 우리가 준비돼 있고 우리가 얼마나 일하고 싶은지를 동료시민들께 마음을 다해 전달하는 데 총력을 다하자는 다짐의 말씀을 드립니다.

오늘부터 민생경제특별위원회를 구성해서 민생경제에 대한 우리의 정책을 집중적으로 설명하고 실천하겠습니다. 최근 관세청이 발표한 수출입 현황 발표에 따르면 3월 초부터 중순까지 반도체 수출이 1년 전보다 46.5%가 증가했고 선박 수출은 370% 넘게 증가

했다고 합니다. 수출 경기 회복이 뚜렷해지고 긍정적인 전망이 예상됩니다만 아직 그 시차 때문에 국민들께서 느끼시는 체감경기는 좋지 않습니다. 국민의힘이 더 노력하겠습니다. 말이 아닌 실천으로 성과로써 평가받겠습니다. 고물가, 고금리 등 동료시민들께서 일상에서 느끼는 경제 문제들의 해결 방안을 적극적으로 모색하겠습니다. 그 일환으로 중앙선대위에 민생경제특별위원회를 구성하고 경제부총리를 역임한 유일호 전 의원과 추경호 의원을 공동위원장으로 위촉했습니다. 국가경제를 총괄하셨던 만큼 국민들이 시급히 요구한 민생경제 문제들에 대한 다각적인 해법을 제시해 주실 것으로 기대합니다.

각 당의 선대위 기구는 선거를 임함에 있어서 각 당이 무엇에 집중하고 있는가를 보여주는 거라고 생각합니다. 민주당의 선대위 기구들을 보면요. 다 모든 걸 심판하자, 심판하자 뿐입니다. 모든 걸 갈아엎자,

망가뜨리자, 이게 위원회의 사실상 전부입니다. 민주당의 정권심판 선대위와 주요 기구를 보면 정권심판본부가 있고요. 경제폭망 심판본부가 있는데 이게 뭔소리인지 잘 모르겠습니다. 검찰독재 심판본부가 있고요. 관권 부정선거 심판본부가 있습니다.

심판의 대상이 자기들이라는 것을 잊은 것 같습니다. 저희는 민생경제특위, 경기 서울 이노베이션 특위, 격차해소 특위 등 모두 동료시민의 일상을 개선하고 당면한 현안을 해결하고 전진하자는 내용의 특위라는 점, 그 차이를 주목해 주시기 바랍니다.

GTX 수서에서 동탄 노선이 개통되고 수도권 교통 격차의 물꼬가 트일 것으로 기대합니다. 며칠 후면 GTX 수서-동탄 노선이 처음으로 개통됩니다. 이것은 수도권 교통 격차 해소에 물꼬를 텄다는 점에서 큰 의미가 있다고 생각합니다. 수서에서 동탄 구

DAY-090 2024. 03. 24

간에 요금이 성인 기준으로 4,450원으로 책정됐고, KTX 이용시에는 3,560원으로 낮아지는데 온라인에서는 가격이 괜찮다, 그리고 좀 비싼 것 아닌가라는 의견이 같이 있습니다. 개통 후에 이용자들의 평가를 지속적으로 청취해서 만족도를 높여야 하는 노력을 해야 할 것이라고 생각합니다.

국민의힘이 GTX 30분 로켓 출퇴근 시대를 활짝 열겠습니다. GTX의 나머지 노선도 차질 없이 개통될 수 있도록 저희가 적극적으로 나서겠습니다. 여당인 국민의힘은 격차해소를 비롯해서 민생 문제를 풀 수 있는 의지와 힘이 있습니다. 정부와 일사불란한 원팀으로서의 팀 플레이도 가능합니다. 정부와 당은 국민 앞에 원팀이고 우리의 환상적인 디플레이가 동료시민의 삶을 윤택하고 풍요롭게 만들 것이라고 생각합니다. 저를 비롯해서 민주당도 그렇고 지역에서 국민들을 만나고 있죠. 엊그제 이재명 민주당 대표의 소위 말하는 "쉐쉐" 발언으로 민주당의 대중국 굴종 인식이 다시 한 번 확인됐습니다. 이재명 대표가 그냥 웃기려고, 아니면 피곤해서 실수한 것이 아닙니다. 이재명 대표는 앞서 지난 여름에도 이해할 수 없는 굴종의 모습을 보였습니다. 작년 6월에 주한 중국 대사관을 직접 찾아가서 외교부의 국장급에 불과한 싱하이밍 대사로부터 훈시에 가까운 일장연설을 15분간

고분고분 듣고 왔습니다. 같은 시기에 법무부장관이었던 저는 싱 대사로부터 만찬 요청을 받고 적절하지 않다고 봐서 사양한 바 있습니다. 여러분 어떤 것이 국격을 지키는 행동이고 어떤 것이 국익에 부합하는 행동입니까? 그렇게 머리를 조아려주면 무슨 국익이 높아지는 게 있습니까? 무시해도 된다는 신호를 주는 것 아닙니까?

중국에 패배 배팅하다가는 나중에 후회한다는 싱하이밍 대사의 협박에 가까운 발언에 한마디 반박도 못한 것이 이재명 대표입니다. 그 당시 실수로 반박을 못한 것이 아니라 그런 생각이라는 점을 이번 "쉐쉐" 발언으로 드러낸 겁니다.

중국의 불법 어선이 우리 서해까지 들어와서 치어까지 모조리 조업해가도, 우리 고유의 소중한 문화유산인 한복과 김치를 자기들 문화라고 주장하고 소위 말하는 동북공정으로 우리 문화에 대한 잘못된 주장을 할 때에도 이재명 대표와 민주당은 그 뜻을 받들어서 쉐쉐할 것인지 묻고 싶습니다.

그 발언을 한 날은 서해수호의 날이었죠. 이재명 대표는 서해수호의 날 기념실에 빠지면서 그 발언을 했습니다. 그때 한 말이 "쉐쉐"였죠. 그리고 양안문제에 대해서는 그냥 구경만 하면 된다라는 것이었는데, 지금 이렇게 블록화되는 세계 정세에서 그걸 구경만 할 수 있습니까? 그걸 구경만 할 수 있는 상황이라면 주변에 다른 나라들은 왜 그렇게 하지 않겠습니까? 국익에 반하는 행동입니다. 전 세계에서 그런 힘에 의한 현상 변경을 지지하는 세력은, 그런 국가는 중국, 북한, 그리고 이재명 대표의 민주당뿐입니다. 누가 그걸 찬성합니까? 지난달 초 4월 총선을 승리한 이후에 간첩죄의 실효성을 제고하기 위한 형법 개정을 말씀드린 바 있습니다. 간첩죄는 적국만을 대상으로 하고 있기 때문에 중국 등 외국에 대한 어떤 정보 유출을 처벌할 수 없는 그런 맹점이 있습니다. 그 부분을 개선하자는 겁니다. 이 개선안에 대해서 민주당이 강력하게 반대하고 있습니다.

그리고 외교의 기본은 상호주의라고 생각합니다. 지금 현재 지방선거에 있어 영주권자에 대해서 투표권을 부여하고 있습니다. 거주 요건도 없이 말입니다. 저희는 이 문제에 대해서 상호주의를 적용하는 제한이 반드시 필요하다고 생각합니다. 상대국에 가는 우리 국민들은 어떤 참정권도 보장받지 못하는데 우리 나라에 있는 외국인에 한해서만 그런 참정권을 부여한다. 어떤 논리적 근거도 그리고 실익도 없습니다.

저희는 이번 총선에서 승리해서 이미 권성동 의원이 발의한 바도 있습니다. 상호주의 원칙을 포함시킨 영주권자의 투표권 제도를 발휘할 것이고 결국 이 불합리를 바로잡을 겁니다. 역시 이 점에 대해서도 민주당이 반대할 것으로 예상됩니다. 민주당의 이 문제들에 대한 스탠스는 대단히 일관성이 있습니다. 여러분 누가 맞는 것인지 반드시 판단해 주시고 이번 선거를 통해서 심판해 주시길 바랍니다.

DAY-091 2023. 03. 25

여의도 출근길 거리인사
(여의도역 5번 출구 앞)

서울 현장 중앙선거대책회의
(한양대 동문회관 5층 노블홀)

왕십리역 광장 거리인사
(서울 성동구 행당동)

신당동 떡볶이타운 거리인사
(서울 중구 퇴계로76길 50)

암사시장 거리인사
(서울 강동구 올림픽로98길 15)

천호동 로데오거리 거리인사
(서울 강동구 천호대로 1005)

> 복지부에 다자녀 카드와 연계해 대중 교통 요금 할인, 농산물 할인 등 지원을 확대하겠다.

한동훈 비상대책위원장은 정부 지원의 소득 기준을 폐지하고 세 자녀 이상 가구에는 모든 자녀의 대학 등록금 면제를 추진하겠다고 밝혔다. 지난 1월 육아휴직 급여를 최대 월 150만 원에서 210만 원까지 올리고, 아빠의 육아휴직도 의무화하는 등의 저출산 대응 관련 총선 공약을 발표한 데 이어 추가 대책을 마련한 것이다. 한 위원장은 25일 오전 서울 성동구 한양대 동문회관에서 열린 현장 중앙선거대책위원회의에서 "지난해 서울의 합계출산율은 0.55명으로 전국 0.72명과 비

교해서도 가장 낮은 수준"이라며 "국민의힘은 1, 2호 공약에 그치지 않고 청년들과 부모들 의견에 귀 기울여 왔다. 이후 피드백을 반영해 보다 과감한 4가지 추가 대책을 발표하고자 한다"고 전했다.

한 위원장은 대부분의 맞벌이 부부들이 혜택을 받지 못하는 저출생 대응 정책의 소득 기준을 폐지하겠다고 했다. 한 위원장은 "맞벌이 부부라고 차별하는 것은 바람직한 정책이 아니다"라며 "예비부부, 신혼부부, 양육가구에 대한 정부 주거 지원의 소득 기준을 폐지하겠다"고 약속했다. 또 "난임 지원, 아이돌봄 서비스와 같은 필수 저출생 정책의 소득 기준도 폐지하겠다"고 했다. 다자녀 기준은 현행 세 자녀에서 두 자녀로 일괄 변경하고 생활 지원을 한층 강화할 뜻을 전했다. 한 위원장은 "자녀 하나도 낳지 않겠다는데 다자녀 기준도 일괄적으로 두 자녀로 바꿀 때가 됐다"며 "전기요금, 도시가스, 지역난방비 감면을 두 자녀

가구로 확대하겠다"고 밝혔다. 이어 "복지부에 다자녀 카드와 연계해 대중교통 요금 할인, 농산물 할인 등 지원을 확대하겠다"고 했다.

한 위원장은 "자녀들을 3명 이상 대학까지 교육시킨다는 것은 대부분 가정에 큰 부담"이라며 "세 자녀 이상 가구에 대해서는 모든 자녀의 대학 등록금을 전액 면제하겠다"고 약속했다. 그러면서 두 자녀 이상 가구에 대해서도 단계적인 확대를 검토하겠다고 했다.

아울러 "아이를 잘 키우고 본인의 커리어 단절도 막고, 성공적 커리어를 쌓아가기 위해서는 육아기에 유연하게 근무할 수 있는 환경이 중요하다"며 "육아기 탄력근무 제도를 의무화하겠다"고 했다. 한 위원장은 "다양한 유연근무 방식 중에서 기업 부담이 적고 부모 수요가 높은 탄력근무제를 의무 시행하도록 하기 위한 법 개정을 약속드린다"고 말했다.

DAY-092 2023. 03. 26

박근혜 前 대통령 예방
(대구 달성군 유가읍)

호계시장 거리인사
(울산 북구 호계로 214)

동울산종합시장 거리인사
(울산 동구 진성4길 57)

신정시장 거리인사
(울산 남구 월평로 47)

양산남부시장 거리인사
(경남 양산시 서일동로 39)

양산 젊음의거리 거리인사
(경남 양산시 양산역1길 14)

신평역 거리인사
(부산 사하구 신평동)

66

(총선이) 15일밖에 안 남은 상황에서 몸이 뜨거워지고 가슴이 뜨거워지면 말실수하기가 쉽다. 더 절제하고 국민의 눈높이에 맞는 언행을 해야 한다.

한동훈 국민의힘 총괄 선거대책위원장이 박근혜 전 대통령을 예방한 뒤 "따뜻한 말씀을 해주셨고 정말 대단히 감사하다는 말씀을 드렸다"고 전했다. 박 전 대통령은 한 위원장에게 "나라가 어려운 때일수록 단합해야 한다"고 조언했다.

한 위원장은 26일 오전 대구 달성군 박 전 대통령 사저에서 나와 기자들과 만나 "국정 전반과 현안, 살아오신 여러 이야기 등 좋은 말씀을 들었다"며 이같이 밝혔다.

이어 "지난번 대구를 방문할 때 뵙기로 했었는데 일정이 맞지 않아 날을 잡아서 뵌 것"이라고 덧붙였다. '오늘 예방으로 지지율 반등효과가 있겠느냐'는 질문에는 답 없이 퇴장했다.

한 위원장과 함께 박 전 대통령 사저를 찾은 유영하 국민의힘 후보는 "박 전 대통령이 지난 서해수호 기념식에서 윤석열 대통령과 한 위원장이 만난 것 언론을 통해 봤다"며 "경제도 어렵고 나라가 많이 어려운데 이런 때일수록 위기에서 뜻을 모아 단합하는 것이 중요하다는 취지로 말했다"고 전했다.

유 후보는 "지난번에 윤 대통령이 대구에 와서 민생토론회를 주재했는데 그때 말한 내용 중 공감되는 내용 많았고, 지역에 희망을 주는 이야기 많았다 뒷받침해줬으면 좋겠다는 말도 있었다"고 말했다.

아울러 "가장 핫한 이슈가 의대정원 문제고, 그 부분에 대해 두 분이 심도 있는 이야기가 있었고 박 전 대통령이 여러 가지 말을 해줬다"며 "또 전국 유세를 다니는 한 위원장이 건강을 잘 챙기고, 선거에서 좋은 결과가 있었으면 좋겠다고 했다"고 덧붙였다.

DAY-092 2023. 03. 26

한동훈 국민의힘 총괄 선거대책위원장이 박근혜 전 대통령을 예방한 뒤 "따뜻한 말씀을 해주셨고 정말 대단히 감사하다는 말씀을 드렸다"고 전했다.

DAY-093 2023. 03. 27

인천 현장 중앙선거대책위원회의
(만수새마을금고 본점 5층 대회의실)

모래내시장 서문 거리인사
(인천 남동구 호구포로 802)

인하 문화의거리 거리인사
(인천 미추홀구 인하로 77)

경기 반도체벨트 거리인사
(경기 수원시 권선구 효원로256번길 16)

한동훈 비대위원장

안녕하십니까? 국회의 완전한 세종시 이전으로 여의도 정치를 종식하고 국회의사당을 서울의 새로운 랜드마크로 시민들께 돌려드리고, 여의도와 그 주변 등 서울에 개발 제한을 풀어서 서울의 개발을 적극적으로 추진하겠습니다. 국민의힘은 분절된 국회가 아닌 완전한 국회를 세종으로 이전해서 세종을 정치행정의 수도로 완성하고, 기존의 국회 공간은 문화, 금융의 중심으로 바꿔서 동료시민들께 돌려드릴 것을 약속드립니다.

작년 10월 국회 세종의사당 규칙안이 통과되어서 전체 17개 상임위원회 중에서 12개와 예산정책처, 입법조사처를 세종시로 옮기는 것이 결정됐습니다. 그렇게 되면 약 10만 평 부지의 여의도 국회의사당에는 국회의장실,

> 66
> 국회를 세종으로 이전해서 세종을 정치행정의 수도로 완성하고, 기존의 국회 공간은 문화의 중심으로 바꿔 동료시민들께 돌려드릴 것을 약속드립니다.

국회 본회의장 등 일부만 남게 되는 겁니다. 이 부지는 다 쓰면서요. 지금의 계획대로 하면 세종시에서 국회 상임위원회를 마치고 본회의의 표결을 위해서 서울로 이동해야 하고, 상임위 상호의 유기적 협력도 어려워지며 부처의 장차관이나 공무원들도 서울과 세종을 더 자주 왔다 갔다 해야 하는 등 입법 행정의 비효율이 커지게 됩니다.

저희가 약속드리는 국회의 완전한 세종 이전은 전부 다 세종으로 이전하자는 겁니다. 이미 세종의 부지는 준비되어 있고 공사도 예정되어 있습니다. 완전한 국회의 세종이전은 행정 비효율의 해소, 국가 균형발전의 촉진, 지역경제 활성화라는 세 마리 토끼를 잡고 세종시를 미국의 워싱턴DC처럼 진정한 정치행정의 수도로 완성되게 할 것이라고 확신합니다. 서울은 개별 규제개혁으로 금융문화 중심의 메가시티가 되도록 적극 개발할 겁니다. 여의도 국회의사당과 그 부지는 서울시민의 의견을 충분히 듣고 서울시와 협의하여 서울의 새로운 랜드마크로 만들겠습니다. 예를 들어서 여의도

국회의사당 건물은 그 역사적 상징성을 감안하여 원형을 유지하면서 세계적인 전시 공간으로 만들어 시민들이 마음껏 활용할 수 있을 것입니다. 한강과 여의도 공원을 연계하면서 공연장, 교육시설, 체육시설을 포함한 복합문화공간으로 탈바꿈할 수 있을 것입니다. 서울 어디서든 쉽게 와서 활용할 수 있는 진정한 문화와 휴식 공간의 탄생하게 되는 것입니다.

서울 국회 부근, 특히 서여의도는 국회에서 반대하고 국회 경관을 해친다는 이유 등으로 거의 반세기 동안 75m 고도제한에 묶여 있었습니다. 국회를 세종시로 완전히 옮기고 이런 권위주의 규제를 모두 풀어서 재개발을 통한 금융 인프라를 구축하겠습니다. 서울시도 국회 주변의 고도 제한을 지속적으로 요청한 바 있었습니다. 결국 문제는 국회가 여기 있기 때문에 고도 제한이 풀릴 수 없었고 서울시민들의 재산권이 제한되어 온 것입니다. 그렇게 되면 여의도는 런던, 싱가포르, 홍콩과 당당히 경쟁하는 글로벌 금융 중심지로 될 수 있다고 생각합니다.

Part II
LET's CAM-PAIGN

DAY-094 2023. 03. 28

선거운동개시 민생현장 방문
(서울 송파구 양재대로 932)

망원역 지원유세
(서울 마포구 서교동)

신촌 유플렉스 집중유세
(서울 서대문구 연세로 13)

용문시장사거리 지원유세
(서울 새창로 110-2)

왕십리역 광장 지원유세
(서울 성동구 행당동)

신성시장 지원유세
(서울 광진구 용마산로 57)

회기역 사거리 지원유세
(서울 동대문구 이문로 28)

강북구청앞 광장 지원유세
(서울 강북구 한천로139길 25)

홈플러스 방학점 지원유세
(서울 도봉구 도봉로 678)

경춘선숲길 공원 지원유세
(서울 노원구 동일로192길 63)

다산선형공원 지원유세
(경기 남양주시 다산동 6059)

태조이성계상 앞 집중유세
(경기 의정부시 시민로 117-2)

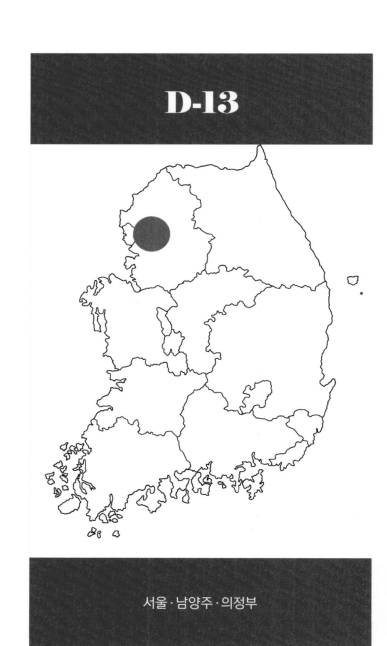

D-13

서울·남양주·의정부

한동훈의 말말말

정치를 개 같이 하는 사람이 문제지 정치 자체에는 죄가 없습니다. 제 주변에 있었던 어떤 국회의원들이 제가 장관할 때 '당신은 왜 이렇게 정치적이냐?'고 하더라. 저는 '당신은 왜 자기 직업을 비하하냐. 정치인이 직업 아니냐?'고 물었죠. 정치는 굉장히 중요합니다. 여러분의 삶을 모두 바꿀 수 있기 때문입니다. 정치를 개 같이 하는 사람이 문제인 거지, 정치 자체에는 죄가 없습니다. 저는 그렇기 때문에 정치를 하기 위해 나왔습니다. 여러분과 공공선을 위해 몸을 바칠 것입니다. 범죄자들이 여러분을 지배하지 못하게 해달라. 제가 바라는 건 그것입니다. 나머지는 저희가 무슨 일이 있어도 여러분의 삶을 바꾸겠습니다. 범죄자들은 이 중요한 정치에서 치워버려야 합니다. 제가 그렇게 하겠습니다. 이번 선거는 대한민국이 전진하느냐 후진하느냐, 융성하느냐 쇠퇴하느냐, 정의로워지느냐 범죄자들이 지배하는 나라가 되느냐를 결정하는 선거입니다. 이재명, 조국 대표들은 그 속내를 숨기지 않습니다. '우리가 이렇게 편이 많은데 너희들이 어쩔래'라면서 뻔뻔하게 나옵니다. 뻔뻔한 범죄자들이 지배하는 나라에는 미래가 없습니다. 이재명 대표가 다른 나라 이야기를 하는데, 결국 이런 뻔뻔한 범죄자들이 제도로 지배하는 나라가 바로 민주주의와 경제가 무너진 나라가 됩니다. 범죄자들이 여러분을 지배하는 것을 막아야 합니다. 범죄자들이 우리를 지배하면 민생도 없고 정치개혁도 없습니다. 범죄자들을 심판하는 것은 민생입니다."

DAY-095 2023. 03. 29

영진시장삼거리 지원유세
(서울 영등포구 신풍로 92)

성대시장 지원유세
(서울 동작구 성대로 11)

부곡시장 지원유세
(경기 의왕시 부곡시장길 33)

삼덕공원 집중유세
(경기 안양시 만안구 병목안로 31-1)

산본로데오거리 지원유세
(경기 군포시 산본로323번길 16-20)

선부광장 지원유세
(경기 안산시 단원구 선부광장로 47)

향남 로데오거리 지원유세
(경기 화성시 향남읍 하길리 1486)

송탄시장 지원유세
(경기 평택시 탄현로327번길 2)

죽미마을 지원유세
(경기 오산시 수청로 165)

이마트 수원점 지원유세
(경기 수원시 권선구 경수대로 270)

D-12

서울 · 의왕 · 안양 · 군포 · 안산 · 화성 · 평택 · 오산 · 수원

한동훈의 말말말

저희는 반성하는 정치 세력입니다. 여러분이 말씀하시고 불편해 하시면 저희가 어떻게든, 어떻게든 그 말을 따르지 않겠습니까? 여러분, 며칠 만에 22억 원을 버는 방법을 아십니까? 세상에 서류 몇 장 써 주고 22억을 받는 노동이 어디 있겠습니까. 그 사람이 검사장 출신이 아니었더라도 그 돈을 받았을 것 같겠습니까? 조국혁신당에서 검찰개혁을 하겠다며 비례대표 1번 후보로 내세운 박은정 부부처럼 하시면 됩니다. 저도 검사 생활을 오래 했지만 형사 사건 단건에 22억 원을 받아 가는 건 처음 봤습니다. 그건 전관예우 변호사들 돈이 아니라 피해자들이 돌려받아야 할 돈이고, 그 정도면 공범입니다. 조국이 말하는 검찰개혁은 1건에 22억 원씩 땡겨가는 전관예우가 양성화되는 것인가요? 우리는 조국에게 너무 관대합니다. 그런 사람들에게 지배 당하면 안 됩니다. 그러기 위해 우리가 나서는 겁니다.

DAY-096 2023. 03. 30

홈플러스 부천상동점 지원유세
(경기 부천시 원미구 길주로 118)

롯데마트 삼산점 지원유세
(인천 부평구 길주로 623)

부평 문화의거리 지원유세
(인천 부평구 부평대로 28)

신기시장 지원유세
(인천 미추홀구 인하로 287)

옥련시장 지원유세
(인천 연수구 독배로 41)

인천역광장 · 차이나타운 지원유세
(인천 중구 제물량로 269)

정서진중앙시장 지원유세
(인천 서구 가정로380번길 32)

계산역 집중유세
(인천 계양구 경명대로 1095)

구래역 지원유세
(경기 김포시 김포한강7로 93)

발산역사거리 지원유세
(서울 강서구 공항대로 267)

목동역 지원유세
(서울 양천구 목동로 201)

테크노마트 신도림점 지원유세
(서울 구로구 새말로 97)

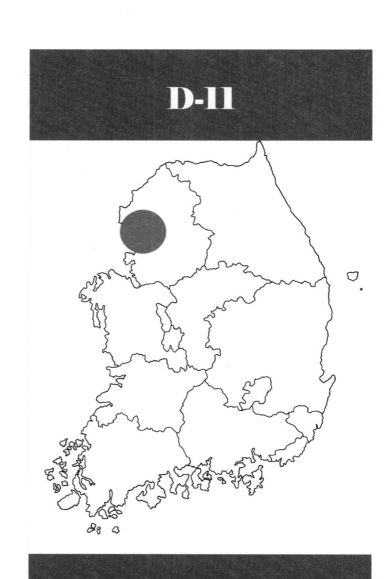

D-11

부천·인천·김포·서울

한동훈의 말말말

여러분 여러분 아까 제가 말한 막말하는 사람들 쓰레기 같은, 이재명, 김준혁, 양문석 등등이 말한 쓰레기 같은 말들을 정말 불편하지만 한번 들어봐 주십시오라고 말씀드렸습니다. 김준혁이라는 수원 민주당 후보의 정말 불쾌한 망언들에 대해서 언급한 바 있습니다. 그분은 장예찬 후보나 이런 분들처럼 십몇 년 전 얘기, 어렸을 때 얘기도 아닙니다. 그때 '박정희 대통령이 초등생이나 위안부와 성관계를 했을 수도 있다' 는 발언을 했습니다. 민주당 쪽에서는 제가 막말을 했다고 하는데 그런가요? 그(김준혁 후보의) 말이나 이재명 대표가 과거에 형수에 대해서 했던 말이나 그게 쓰레기 같은 말이 아닌가요. 저는 그 말을 물릴 생각이 없습니다.

최근 언론 보도를 보고 불안해하지 마십시오. 국민의힘이 이길 것입니다. 선량한 시민들이 범죄자들 앞에서 기죽을 필요가 없습니다. 왜 국민의힘이 이겨야 하는지 주변에 1명만 설득하면 국민의힘이 이길 것입니다. 투표장에 가야 범죄자들로부터 지배받지 않습니다.

DAY-097 2023. 03. 31

국민공약 발표

(경기 성남시 분당구 금곡로11번길 4-4)

오리역광장 지원유세

(경기 성남시 분당구 성남대로 38)

이마트 용인점 지원유세

(경기 용인시 처인구 명지로60번길 8-10)

안성 공도지구대 사거리 지원유세

(경기 안성시 공도읍 공도로 116-4)

이천 중리사거리 지원유세

(경기 이천시 중리천로72번길 2)

태재고개 사거리 지원유세

(경기 광주시 신현로 28)

위례 스타필드시티 지원유세

(경기 하남시 위례대로 200)

부활절 연합예배

(명성교회 | 서울 강동구 구천면로 452)

고덕역 지원유세

(서울 강동구 고덕로 262)

석촌호수 서호사거리 집중유세

(서울 송파구 삼학사로 101)

수서역 지원유세

(서울 강남구 광평로 281)

D-10

성남 · 용인 · 안성 · 이천 · 광주 · 하남 · 서울

한동훈의 말말말

누가 그렇게 얘기합니다. 이번 선거 어차피 저를 보고 (국민의힘을) 찍어줘 봤자 저는 나중에 쫓겨날 것이라고. 저 그렇게 만만하지 않습니다. 저는 여러분을 위해 총선 이후에도 제 역할을 다할 것입니다. 우리는 여러분을 위해 눈물을 흘릴 수는 있지만, 우리를 보호해달라고 하지는 않을 것입니다. 저를 보호해주지 않으셔도 됩니다, 저는 여기서 그냥 없어져도 됩니다.

민주당 김기표 후보는 자기 식구 감싸기로 유명했던 문재인 정부에서도 감싸지 못할 정도의 무지막지한 투기로 청와대 비서관에서 해임된 사람입니다. 정상적인 사람이라면 선거에 출마하기 전에 투기한 부동산을 처분했어야 하지만, 수십억 원 상당의 부동산을 여전히 보유하고 있습니다. 이는 부천 시민에 대한 모욕이며, 투표로 이를 심판해야 합니다. 박성중 후보는 싸워야 할 때 싸웠고, 이겨야 할 때 이길 줄 알았던 사람입니다. 남들이 겁나서 싸우지 않을 때 몸 사리지 않고 싸웠으며, 어려울 때 이겼습니다. 박성중 후보가 바로 지난 국회에서 그런 일을 했던 사람입니다.

DAY-097 2023. 03. 31

부활절 연합예배

(명성교회 | 서울 강동구 구천면로 452)

현장 스케치_윤대통령과 한 위원장을 이간질하려는 세력에 맞서 둘의 관계가 아무 문제 없다는걸 보여준 부활절 만남

윤석열 대통령과 한동훈 비대위원장은 부활절인 31일 서울 강동구 소재 명성교회에서 열린
2024 한국교회부활절연합예배에 참석했다.

국민의힘 한동훈 비상대책위원장이 31일 경기 남부 지역과 서울 강남 지역을 두루 방문해 유권자들의 지지를 호소했다.

한 위원장은 이날 오전 경기 성남시에서 '국민 공약'을 발표하고, 성남시를 시작으로 용인시, 안성시, 이천시, 광주시, 하남시 등을 연이어 방문하며 지원 유세를 진행했다.

그후에는 서울 강동구에 위치한 명성교회에서 열리는 한국교회 부활절 연합예배에 참석했다. 이 자리에는 국민의힘 비례대표 위성정당인 국민의미래의 인요한 선거대책위원장도 함께했다.

연합예배 참석 후 한 위원장은 강동구와 송파구, 강남구를 순회하면서 지원 유세를 계속 이어간다. 그

는 공식 선거운동 시작 이후 지금까지 주로 수도권에 집중해왔다. 한편, 한 위원장은 연합예배 참석 전여의도 당사에서 열린 기자회견에서 사전투표의 중요성을 강조하고 유권자들의 참여를 독려했다.

오후에는 국민의미래 비례대표 후보 2번으로 나선 박충권 후보의 방송 연설이 예정되어 있다. 탈북민 출신인 박 후보는 방송에서 북한 정권을 비판하는 내용을 중점적으로 다룰 예정이다.

DAY-098 2023. 04. 01

애플아울렛 지원유세

(부산 사상구 사상로 201)

남항시장 지원유세

(부산 영도구 태종로 105)

LG메트로시티 지원유세

(부산 남구 용호로 48)

부전역 동해선 지원유세

(부산 부산진구 부전로 185)

연산로타리 지원유세

(부산 연제구 월드컵대로 139)

해운대 구남로 지원유세

(부산 해운대구 구남로 46)

덕천 젊음의거리 지원유세

(부산 북구 백양대로 1202)

중원로터리 지원유세

(경남 창원시 진해구 백구로 40)

반송시장 지원유세

(경남 창원시 성산구 원이대로473번길 25)

수리공원 지원유세

(경남 김해시 해반천로144번길 29-22)

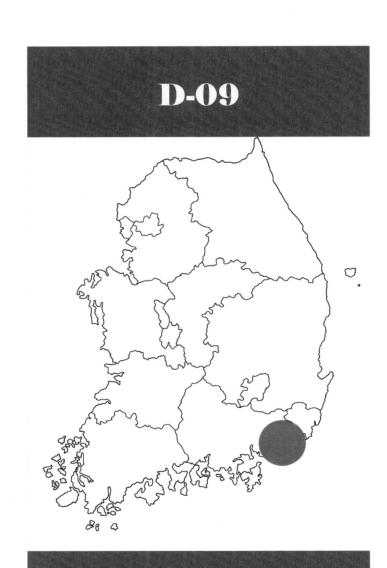

D-09

부산·창원·김해

한동훈의 말말말

부산 소상공인들의 어려움을 끝내도록 할 공약들을 말씀드리며 시작하겠습니다. 그 공약으로 첫째, 부가가치세의 간이과세자 기준을 연매출 8천만 원에서 2억 원으로 상향조정하겠습니다. 둘째, 손실보상 지원금 환수유예를 이루겠습니다. 셋째, 자영업자 육아휴직제도를 도입하겠습니다.

부산 가덕도신공항을 조기 완공하겠습니다. 부산글로벌허브도시특별법을 이루겠습니다. 부산 사직구장을 조속히 재건축하겠다는 약속드립니다. 1992년을 대단히 좋아하는데, 동갑내기 야구선수인 염종석이 1992년 롯데를 우승으로 이끌었기 때문입니다. 부산에 1992년과 같은 찬란한 영광의 시대를 다시 만들겠습니다.

깡패들 싸움에도 명분이 있는데 조국과 이재명의 명분은 도대체 무엇입니까? 제가 좋아하는 영화 중 부산을 배경으로 한 영화 중에 '범죄와의 전쟁'이란 영화가 있습니다. 저희에게 한 번 더 기회를 주십시오. 대한민국을 지킬 수 있게, 범죄자들을 치울 수 있게 저희를 선택해 주십시오. 저희가 읍소하니 이재명이 악어의 눈물이라고 했습니다. 이 대표는 정말 쓰레기 같은 욕설을 형수에게 한 다음에 그게 드러난 다음 국민에게 미안하다고 눈물을 흘렸습니다. 그게 '악어의 눈물'입니다.

DAY-099 2023. 04. 02

당진전통시장 지원유세

(당진시 당진시장길 116)

온양온천역 지원유세

(아산시 온천대로 1496)

성성호수공원 지원유세

(천안시 서북구 성성4길 53)

청당신도시 지원유세

(천안시 동남구 남부대로 322)

세종시 지원유세

(세종시 한누리대로 296)

지족역 사거리 지원유세

(유성구 북유성대로 206)

타임월드 지원유세

(서구 둔산로 34)

으능정이 문화의거리 지원유세

(중구 중앙로 164)

중앙시장 지원유세

(동구 중교로 125)

동춘당공원 지원유세

(대덕구 동춘당로 65)

성안길 집중유세

(청주시 상당구 상당로81번길 19)

충북혁신도시 지원유세

(음성군 맹동면 대하2나길 5)

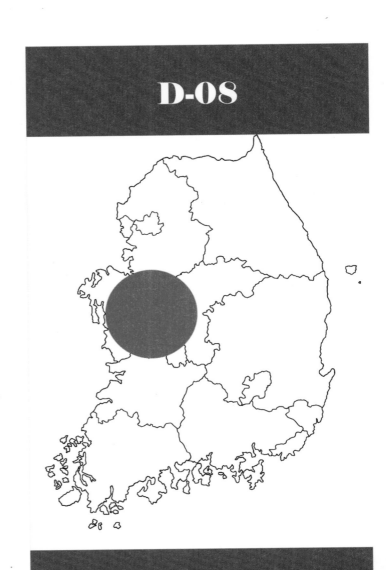

D-08

당진 · 천안 · 아산 · 세종 · 대전 · 청주 · 음성

한동훈의 말말말

최근 선거 관련해서 누가 탈당해야 하느니, 책임져야 하느니 거친 말을 하는 분들이 있습니다. 중대한 결전을 앞두고 서로에게 핑계 대는 건 누구에게도 도움 되지 않고 저희만 믿고 있는 국민의 기운을 **빠**지게 하는 일입니다. 부족한 게 있으면 제 책임입니다. 저에게 돌리면 됩니다. 지금은 중요한 결전 앞에서 뭉쳐야 할 때입니다. 뭉치면 살고 흩어지면 죽습니다. 흩어지면 우리가 죽는 게 아니라 대한민국이 죽습니다. 문재인 전 대통령이 전날 "칠십 평생 이렇게 못하는 정부는 처음 본 것 같다"고 했는데 그 말을 돌려드리고 싶습니다. 우리의 기억력을 우습게 보는 것 같습니다. 문재인 정부 당시에 나라가 망해가던 거 기억나지 않나요? 정부·여당이 부족한 점이 많이 있을 거다. 그렇지만 우리 정부가 그동안 해온 일을 생각해 주십시오.

한미일 공조를 다시 파탄 내고 친중 정책으로 돌아가고 싶으신가요? 원전을 다시 없애고 태양광업자들이 설치는 것으로 다시 돌아가고 싶으신가요? 화물노조든 건폭이든 그런 사람들이 떼법으로 법을 무시하는 세상으로 돌아가고 싶으신가요? 문재인 정부 시대로 돌아가고 싶으신가요?

DAY-100   2023. 04. 03

성서 차없는거리 공연장 지원유세

(충주시 성서7길 20)

제천중앙시장 지원유세

(제천시 풍양로 107)

원주 집중유세

(원주시 서원대로 396)

춘천 명동 집중유세

(춘천시 중앙로 57)

송우사거리 지원유세

(포천시 소흘읍 송우로 34)

지행역 광장 지원유세

(동두천시 평화로2261번길 51)

금릉역 중앙광장 지원유세

(파주시 금촌동 986-3)

일산호수공원 지원유세

(고양시 일산서구 한류월드로 280)

D-07

충주·제천·원주·춘천·포천·동두천·파주·고양

한동훈의 말말말

현대사의 비극 속에서 희생된 모든 4·3 희생자분들을 마음 깊이 추모합니다. 존경하는 동료시민 여러분, 오늘은 제76주년 제주4·3희생자 추념일입니다. 평생을 아픔과 슬픔을 안고 살아오신 유가족과 제주도민께도 심심한 위로의 마음을 전합니다. 4·3희생자를 추모하는 자리에 함께하고 있어야 마땅하나, 지금 제주에 있지 못한 점을 송구하게 생각합니다. 국민의힘과 정부는 제주4·3에 대한 아픔에 공감하고, 말에 그치지 않고 행동해왔습니다. 제가 법무부장관으로서, '군법회의 수형인'으로만 한정된 직권 재심 청구 대상을 '일반재판 수형인'까지 포함토록 했던 것 역시 그런 의지가 반영된 결과입니다.

제주도민들의 요청에도 불구하고 반대했던 지난 정부와 달리, 우려와 반대의 목소리를 제가 직접 설득해 관철했습니다. 앞으로도, 국민의힘은 그런 실천하는 마음으로 제주 4·3희생자와 유가족분들의 아픔을 진심으로 헤아리겠습니다. 다시 한번 제주 4·3 희생자와 유가족분들께 깊은 위로를 전합니다.

DAY-101 2023. 04. 04

한동훈 총괄선거대책위원장
사전투표 관련 입장발표
(중앙당사 3층 기자회견장)

쌍문역 지원유세
(도봉구 도봉로110나길 45)

우림시장(북문) 지원유세
(중랑구 망우로 410)

전농동사거리 지원유세
(동대문구 전농로 145)

롯데백화점 건대스타시티점 지원유세
(광진구 능동로 92)

구리광장 지원유세
(구리시 건원대로34번길 32-13)

천호공원 지원유세
(강동구 올림픽로 715)

송파여성문화회관 지원유세
(송파구 백제고분로 390)

마천시장 지원유세
(송파구 마천로41길 14)

매탄4지구 중심상가 미관광장 집중유세
(수원시 영통구 효원로 393)

수지구청역 사거리 집중유세
(용인시 수지구 문정로 20)

오산역 광장 지원유세
(오산시 역광장로 59)

안중시장 집중유세
(평택시 안중읍 안중로 109-2)

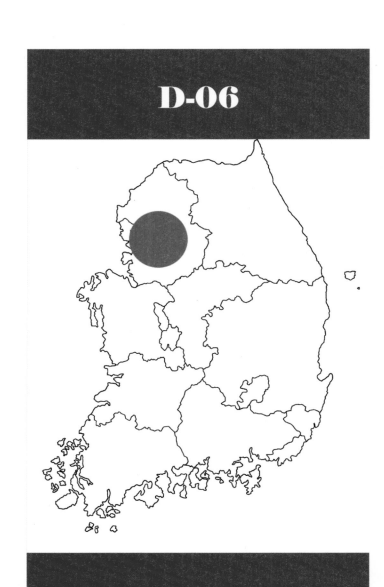

D-06

서울·구리·수원·용인·오산·평택

현장 스케치_한동훈 위원장의 신발을 보면 얼마나 열심히 뛰어다녔는지 알 수 있다.

한동훈의 말말말

범죄자들이 대한민국의 미래를 망치게 하느냐 그걸 막느냐의 문제입니다. 자기 문제가 아니라 여러분의 문제를 먼저 생각해야 되고 자기의 이익을 위해서 공적인 의무를 저버리면 안 되는 것입니다. 맞지요? 여러분, 이런 사람들이 여러분을 대표할 수 있습니까? 여러분은 그렇게 살아오셨습니까? 우리의 자녀들에게 '너희들 그렇게 잇속 쏙쏙 빨아먹으면서 살라'고 가르칠 겁니까? 이 사람들이 국회에 가면 그런 나라가 됩니다. 막아야 합니다. 막아야 합니다.

범죄자들이 대한민국의 미래를 망치게 하느냐 그걸 막느냐의 문제입니다. 그걸 막아야 되지 않겠습니까? 조국 대표는 벌써 개헌을 얘기합니다. 200석을 얘기합니다. 그럼 그걸로 인해서 대한민국의 정체성이 흔들리고 대한민국에 오게 될 혼란과 혼돈 생각해 보셨습니까? 그거 괜찮습니까? 지금 더불어민주당은 지난번에 있었던 더불어민주당하고도 다릅니다. 왜냐하면 진짜 비명은 다 날려버렸거든요. 정말 이재명에게 충성하는 사람들로만 채워지는 겁니다. 그럼 어떤 정치 하겠습니까? 이 사람들이. 정말 말아먹을 겁니다. 정말 이재명과 조국의 눈치만 보는 정당이 될 것입니다. 여러분 그걸 바라십니까? 이 사람들이 뻔뻔하게도 나서서 여러분들의 미래를 망치려 한다. 그걸 막아야 되지 않겠습니까? 그걸 막을 방법이 하나 있습니다. 드디어 내일부터 사전투표가 시작됩니다. 여러분 사전투표장으로 나가 주십시오.

DAY-102 2023. 04. 05

신촌동사전투표소 사전투표
(서대문구 이화여대길 92-8)

토지금고시장 지원유세
(미추홀구 낙섬중로32번길 10)

랜드마크시티 사거리 지원유세
(연수구 랜드마크로 68)

사우사거리 지원유세
(김포시 김포대로 851)

목동깨비시장 지원유세
(양천구 목동중앙북로 38)

개봉역 지원유세
(구로구 경인로40길 34)

남성사계시장 지원유세
(동작구 동작대로 129)

경의선숲길 지원유세
(마포구 백범로 152)

동묘앞역 지원유세
(종로구 종로 347)

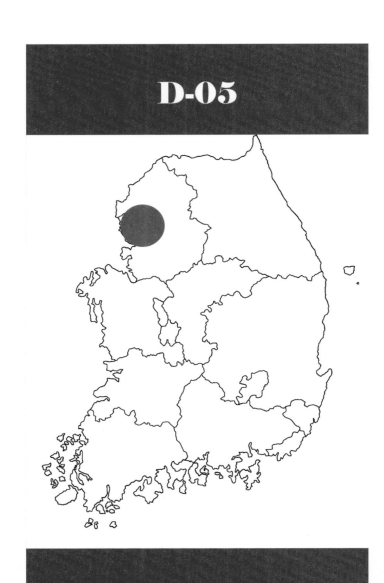

D-05

서울 · 인천 · 김포

한동훈의 말말말

더불어민주당은 역대급 혐오 후보, 최악의 사기 후보를 끝까지 비호하고 '판세에 영향 없다'고 했습니다. 국민께서 착각이고 오만이라는 것을 알려주실 것입니다. 저희는 지켜야 할 범죄자가 없습니다. 지켜야 할 나라와 국민이 있습니다. (야권이) 200석이 돼 대한민국 헌법에서 자유를 빼버릴 수 있습니다. 사기대출에 걸려도 그냥 넘어가려고 합니다. 무슨 일이 있으면 머리를 박고 없는 듯 하는 '꿩'과 같습니다. 정말 화살을 맞는 건 대한민국 모든 여성과 시민들입니다.

이재명 대표야말로 국민들을 입틀막하고 있습니다. 판세에 영향이 없으면 (양 후보, 김 후보 등 사퇴 없이 그대로) 갑니다. 어디서 청담동이고 생태탕이냐, 다 까보고 덤벼라. 저는 피하지 않습니다. 술자리 의혹 아류 세력이 또 공작질을 하고 있습니다. 어그로만 끌고 그냥 오물만 끼얹겠다는 것입니다. 이건 그냥 정말 쌍팔년도나 쓰던 협잡정치질입니다. 조국식 사회주의는 조국 가족만 잘살게 하고 나머지는 못살게 하향평준화하려는 것입니다. 히틀러 처음 등장할 때도 농담 같다, 다들 웃었다고 합니다. 지금은 기고만장해 헌법을 바꾸겠다고 합니다. 나도 불안한 마음 있지만 투표하면 해소됩니다.

현장 스케치_차에서 내린 한동훈, 아이에게 "수고했어. 이름이 뭐야?" 묻고는 "난 한동훈이야"라고 답했다.

DAY-103 2023. 04. 06

고현사거리 지원유세
(경남 거제시 거제중앙로 1892)

용원어시장 지원유세
(경남 창원시 진해구 용원동로 233)

명지국제신도시 중심상가 지원유세
(부산 강서구 명지국제5로 42)

햇님공원 지원유세
(부산 사하구 하신중앙로 275)

롯데마트 화명점 지원유세
(부산 북구 금곡대로 300)

반여1동우체국 사거리 지원유세
(부산 해운대구 선수촌로21번길 67)

정관해모로아파트 지원유세
(부산 기장군 정관읍 정관로 560)

덕계사거리 지원유세
(경남 양산시 번영로 13)

일산해수욕장 사거리 지원유세
(울산 동구 방어진순환도로 616)

수암시장 지원유세
(울산 남구 수암로 115)

동성로 집중유세
(대구 중구 동성로 28)

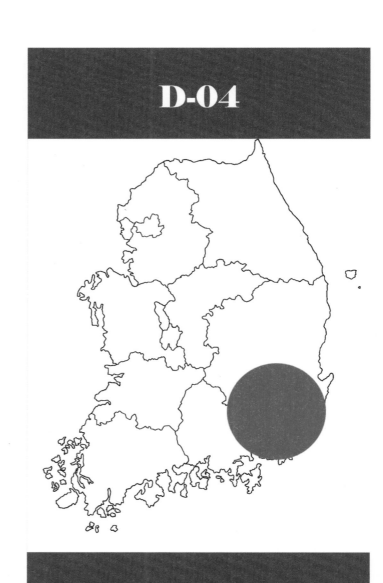

D-04

거제 · 창원 · 부산 · 양산 · 울산 · 대구

한동훈의 말말말

오늘 사전투표율이 대단히 높아진 것을 보셨습니까? 서로가 결집하고 있습니다. 이럴 때 우리가 결집하지 않으면 우리가 집니다. 뭉치면 살고 흩어지면 죽는다는 것이 굉장히 오래된 말이지만 제가 여기서 말하게 될 줄은 몰랐습니다. 국민의힘으로 뭉쳐주십시오. 대한민국이 범죄자에게 미래를 맡길 수는 없지 않습니까? 지금 이 순간 여러분이 관중석에 앉아계실 때가 아닙니다. 직접 선수로, 주인공으로 뛰어주십시오. 저희에게 힘을 모아주십시오. 김 후보와 이재명 대표와 같은 분들은 확신범입니다. 그분들은 머릿속에 변태적이고 도덕을 무너뜨리고 인간을 혐오하는 생각들로 머리에 가득 차 있습니다. 이런 사람들이 국회로 가면 김 후보, 이 대표가 한 얘기 정도는 대한민국 표준이 됩니다. 이런 식이라면 일제 샴푸, 위조된 표창장, 법인카드, 여배우 사진을 들고 가도 되겠습니까? 나가주시기만 하면 범죄자를 막을 수 있습니다. 여성 인권 퇴보, 대한민국 인권 퇴보를 막을 수 있습니다. 역사를 보면 아주 오랫동안 회고되는 짧은 며칠이 있습니다. 지금부터 4월 10일까지가 바로 그 기간입니다. 5년, 10년, 30년 뒤에 주인공으로 나서 범죄자들이 나라를 망치는 위기를 막아내고 대한민국을 구해냈다고 자랑스럽게 얘기할 수 있어야 하지 않겠습니까. 오늘, 내일, 모레, 4월 10일까지 모두 주인공이 되어 나서주십시오.

현장 스케치_선거법을 위반하며 연설을 방해하는 시민을 경찰이 저지하자 한동훈은 의연하고 침착하게 대응했다.

> "국민의힘은 다양한 생각을 가진 사람들이 모임 정당입니다. 저희와 생각이 다른 사람이 좀 과격한 방식으로 얘기하더라도 그게 우리 시민들에게 피해를 주지 않는 한 저희는 그걸 허용하는 정당입니다. 그래야 진짜 민주주의고 진짜 강해지는 것 아니겠습니까?"

DAY-104 2023. 04. 07

노은역광장 집중유세
(유성구 노은로 161)

내동공원 지원유세
(논산시 시민로132번길 44)

공주대 대학로 지원유세
(공주시 공주대학로 67)

서천특화시장 지원유세
(서천군 서천읍 충절로 50)

당진시장 오거리 지원유세
(당진시 당진중앙2로 54-17)

온양온천시장 지원유세
(아산시 충무로 22)

신세계백화점 집중유세
(천안시 동남구 만남로 43)

오창호수공원 지원유세
(청주시 청원구 오창읍 중심상업1로 50)

터미널주차장 사거리 지원유세
(청주시 흥덕구 풍산로 15)

원마루전통시장 지원유세
(청주시 서원구 원마루로10번길 17)

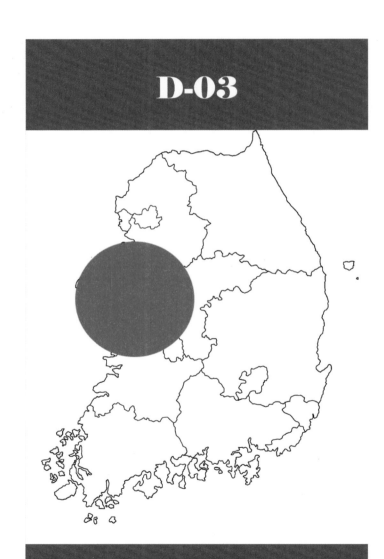

D-03

대전 · 논산 · 서천 · 당진 · 아산 · 천안 · 청주

한동훈의 말말말

이재명 대표는 입만 열면 거짓말입니다. 왜 군이 삼겹살을 안 먹고 삼겹살을 먹은 척 하나요? 법카(법인카드)로 엄청난 액수의 과일을 먹고, 일제 샴푸를 쓰고, 자기들 제사까지 법카로 시키는 것을 제가 계속 이야기하는데 (이 대표가) 저를 고소하지 않습니다. 왜냐하면 자기가 거짓말이니 지금 이야기하면 선거법 위반이 됩니다.

여러분, 위선의 시대가 오길 바라나요? 그렇게 위선으로 살아온 것을 알고도 권력을 부여하실 것인가요? 김준혁이란 사람이 했던 이야기가 엽기적이어서 방송에서 차마 틀지도 못한다고 합니다. 음담패설을 억지로 듣게 해놓고 듣는 사람 표정 보고 즐기는 것, 이건 성도착 아니냐고 합니다. 민주당은 그 사람을 비호하며 끝까지 여러분 대표로 밀어 넣겠다고 합니다. 민주당은 여성혐오 정당, 성희롱 정당입니다.

저는 천안을 오래전부터 봐왔지만 천안의 발전은 놀랍습니다. 아름답습니다. 천안에서 나서주십시오. 천안에서 시작해주십시오. 천안에서 그 사람들에게 '이건 아니다'라고 분명히 말씀해주십시오. 정말 중요한 대한민국의 역사적 장면에 주인공으로 있는 것입니다. 여러분의 선택이 대한민국의 미래, 자식들의 미래를 결정할 것입니다.

현장 스케치_한동훈 위원장의 노트를 보니 조국 일가의 만행을 비롯한 유세 내용이 빼곡히 차 있었다.

DAY-105 2023. 04. 08

태전지구 지원유세
(광주시 태전동2길 42)

중리사거리 지원유세
(이천시 중리천로 53-5)

한경대사거리 지원유세
(안성시 중앙로 335)

오산오색시장 지원유세
(오산시 성호대로 80)

KT 앞 삼거리 집중유세
(용인시 처인구 금학로 385)

북수원시장 집중유세
(수원시 장안구 파장로 82)

야탑광장 지원유세
(성남시 분당구 성남대로 926)

먼우금사거리 지원유세
(연수구 청능대로 103)

이마트 계양점 지원유세
(계양구 봉오대로 785)

김포골드라인 장기역 지원유세
(김포시 김포한강4로 110)

마두역광장 집중유세
(고양시 일산동구 장백로 184)

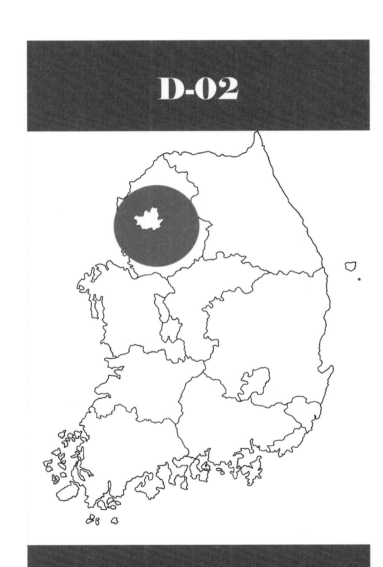

D-02

광주·이천·안성·오산·용인·수원·성남·인천·김포·고양

한동훈의 말말말

지금 나라가 위기입니다. 진짜 위기입니다. 범죄자들이 정치를 이용해 자기 잇속을 챙기는 정치가 돼서는 안 됩니다. 그러면 나라가 망하는 것입니다. 그걸 막아주셔야 합니다. 4월 10일 12시간이 대한민국의 운명을 정하는 시간이 될 것입니다. 옛날에 이순신 장군께서 12척의 배로 이 나라를 구하셨습니다. 4월 10일, 12시간으로 여러분께서 이 나라를 구해 주셔야 합니다. 200석으로 개헌되고, 거기서 자유 빠지고, 국세청 동원해서 임금 깎고, 이거저거 해서 자기 셀프 사면하고, 이런 나라, 그냥 나라가 무너지는 것입니다. 저 사람들이 입법 독재 권력을 갖고서 할 수 있는 일들, 무시무시한 세상이 될 것입니다. 제가 괜히 겁주는 것 같습니까? 저는 아직 과장할 줄 모릅니다. 정말 나라가 망할지도 모릅니다. 지금, 이 순간을 여러분들이 나라를 구한 순간으로 나중에 서로 기억하고 자랑할 수 있게 해주십시오.

지금 범죄자들을 막지 못하면 우리는 정말 후회할 것입니다. (야권이) 200석을 가지고 대통령 탄핵만 하겠습니까? 대한민국을 바꿀 것입니다. 개헌해서 국회에서 사면권을 행사하도록 하고 이재명·조국 대표가 자기 죄를 셀프 사면할 것입니다. 지금 이분들이 김준혁·양문석 후보에 대해 여러분 이야기를 전혀 신경 쓰지 않고 그냥 밀어붙이는데, 하물며 200석을 가졌을 경우엔 여러분이 허락했다고 둘러대며 정말 이상한 행동을 많이 할 것입니다.

DAY-106 2023. 04. 09

창동역 지원유세
(서울 도봉구 마들로11길 73)

경동시장 지원유세
(서울 동대문구 왕산로 128)

왕십리광장 지원유세
(서울 성동구 행당동 168-41)

자양사거리 지원유세
(서울 광진구 자양로 95)

상일동역 지원유세
(서울 강동구 고덕로 390)

달님어린이공원 지원유세
(서울 강동구 양재대로112길 58)

위례신도시 지원유세
(서울 송파구 위례광장로 136)

중앙대학교(병원) 지원유세
(서울 동작구 흑석로 103)

여의쇼핑센터 지원유세
(서울 영등포구 국제금융로7길 15)

오목교역 지원유세
(서울 양천구 목동서로 159-1)

발산역 사거리 집중유세
(서울 강서구 공항대로 267)

경의선숲길 지원유세
(서울 마포구 백범로 152)

인왕시장 지원유세
(서울 서대문구 통일로 484)

효창공원앞역 지원유세
(서울 용산구 원효로71길 70)

청계광장 22대 총선 파이널 총력유세
(서울 중구 태평로1가 1)

D-01

서울

"딱 한 표가 부족하다"

한동훈의 말말말

나라가 망할까봐 걱정돼 피눈물이 납니다. 이 말만 드리겠습니다. 정말 딱 한 표가 부족하니 (투표장에) 나가 대한민국을 지켜 주십시오. 우리가 생각하지 못한 무시무시한 세상이 올 수 있습니다. 200석을 갖고 조국·이재명 같은 사람이 자기 범죄를 막고 헌법을 바꿔 셀프사면하는 것, 저 사람들이 그런 거 안 할 사람들인가요? 거기 이용당하실 겁니까? 김준혁, 양문석 같은 사람으로만 꽉 채워 놓은 200명이 될 것입니다. 이재명 더불어민주당 대표는 지금 서초동 (법원)에 가 있습니다. 그 앞에서 기고만장하게 죄짓고 재판받는 사람이 후보자 이름 불러가며 선거운동을 했습니다. 경기장 밖에 계시지 말고, 사이드라인 밖에 계시지 말고, 관중석에서만 박수 치지 마시고 내려와서 저희와 함께 뛰어 주십시오. 선수가 돼 주십시오. 혼란으로 무너질지, 위기를 극복할지 운명의 시간이 다가왔습니다. 야권이 200석이 되면 헌법에서 '자유'를 빼고, 땀 흘려 일해 번 임금을 깎고, '쉐쉐외교'하며 친중으로 돌아서고, '죽창가'로 한·일 관계가 악화되고 '김준혁식 역사'를 아이들에게 가르칠 것입니다. 우리는 위대한 국민입니다. 우리는 국민의힘을 뽑은 사람도, 민주당을 뽑은 사람도 다 같이 잘 사는 나라로 만들겠습니다. 저희는 지난 100일간 여러분께서 잘못이라고 지적하시면 바로바로 바꾸고 바로 반응하고 바로 잡았습니다. 앞으로 더 그렇게 하겠습니다.

현장 스케치_이날 오전, 탈진 직전인지 한 위원장은 잠시 휘청했지만 의연히 유세차에 올랐다.

DAY-106 2023. 04. 09

현장 스케치_유세를 마치고 이동하려는 순간, 생일 축하송이 울려퍼졌다. 한동훈 위원장은 이동차량 옆에 서서 동료 시민에게 마지막 메시지를 전했다. 마치 울분을 토하는 듯했다. 이런 진정성은 처음이다. 이에 앞서 한 위원장은 첫 일정 부터 마지막 일정까지 최근접거리에서 밀착취재한 BJ톨의 어깨를 토닥여주며 『한동훈 스피치』 책에 사인까지 해주었다. 한동훈은 왕관의 무게 이겨내고 화려하게 돌아올 것이다.

한 위원장은 이날만 도봉·동대문·성동·광진·강동·송파·동작·영등포·양천·강서·마포·서대문·용산·종로 등 총 15곳을 돌며 유세했다. 이후 공식 선거운동 종료 시점인 이날 밤 12시까지 대학로, 을지로, 홍대입구 등 에서 거리인사를 할 예정이었지만 종료 2시간여를 앞두고 한 위원장이 탈진 증상을 보여 해당 일정은 취소됐다.

파이널 메시지

대한민국을 사랑하는 동료시민 여러분, 대한민국의 대한민국이 경악스러운 혼돈으로 무너질지 아니면 위기를 극복할지를 결정할 운명이 운명의 시간이 다가왔습니다. 더불어민주당이 샴페인 터뜨리면서 조롱하듯이 말하는 200석이 만들 혼돈과 퇴행을 생각해 봐 주십시오.

지난 민주당과도 차원이 다르게 이재명 친위대로만 김준혁 양문석으로만 채워진 그야말로 뭔 짓이든 다 할 200석을 상상해 봐 주십시오. 탄핵과 특검 돌림노래는 기본이고, 헌법에서 자유를 빼고 땀 흘려 일한 임금을 깎고 쉐쉐 외교하면서 한미공조 무너뜨려서 친중일변으로 돌리고, 죽창외교로 한일관계 다시 악화시키고 김준혁식 역사를 우리 아이들에게 가르치고 헌법을 바꿔서 이재명, 조국 셀프사면할 겁니다.

대한민국은 산업화와 민주화를 동시에 이룬 위대한 나라이고, 우리는 그걸 해낸 위대한 국민입니다. 범죄 혐의자들이 뭔 짓이든 다하게 넘겨주기에는 너무 아깝지 않습니까? 너무 허탈하지 않습니까? 너무 소중하지 않습니까? 저희 국민의힘은 힘을 가진 정당입니다. 집권여당인 우리 약속은 곧 실천이니 실천하게 해 주십시오.

DAY-107 2024. 04. 10

총선

제22대 국회의원선거 개표
(국회도서관 강당)

66

끝까지 국민의 선택과 개표 결과를 지켜보겠습니다.

한동훈 비대위원장

최선을 다했지만 출구조사 결과가 실망스럽습니다. 그렇지만 끝까지 국민의 선택을 지켜보면서 개표 결과를 지켜보겠습니다.

국민의힘 한동훈 총괄선거대책위원장 겸 비상대책위원장과 윤재옥 원내대표 등 당 지도부가 10일 서울 여의도 국회 도서관에 마련된 제22대 국회의원선거 개표상황실에서 방송 3사 출구조사 결과를 지켜봤다. 사진은 현장을 나오는 한동훈 위원장.

DAY-108 2024. 04. 11

제22대 총선 관련 입장발표

제22대 국회의원선거 개표상황실
(국회도서관 강당)

한동훈 비대위원장

민심은 언제나 옳습니다. 국민의 선택을 받기에 부족했던 우리 당을 대표해서 국민들께 사과드립니다. 국민의 뜻을 준엄하게 받아들이고 저부터 깊이 반성합니다. 그래서 저는 선거 결과에 대한 모든 책임을 지고 비상대책위원장직에서 물러납니다. 야당을 포함하여 모든 당선자들에게 축하의 말씀을 드립니다. 국민의 뜻에 맞는 정치를 부탁드립니다.

함께 치열하게 싸워주시고, 응원해 주신 동료시민 여러분, 사랑하는 당원 동료들, 당선되지 못한 우리 후보들께 위로와 감사의 말씀을 드립니다. 우리가 국민들께 드린 정치개혁의 약속이 중단 없이 실천되길 바랍니다. 어떻게 해야 국민의 사랑을 되찾을 수 있는지를 고민하겠습니다. 쉽지 않은 길이겠지만 국민만 바라보면 그 길이 보일 거라 생각합니다. 100여 일간 저는 모든 순간이 고마웠습니다.

> **❝**
>
> 민심은 언제나 옳습니다. 100여 일간 저는 모든 순간이 고마웠습니다.

현장 스케치_한 위원장의 이동차량 안에 덩그러니 남겨진 콜라와 커피, 많은 것을 이야기해준다.

국민의힘 동료 당직자들, 보좌진들께 드리는 글

사랑하는 동료 당직자, 보좌진 여러분, 노고가 크셨다는 걸 제가 누구보다 잘 알고, 여러분의 헌신이 어려운 상황 속에서 마지막까지 나라와 당을 지킨 힘이었다고 생각합니다. 동료 여러분들께서는 잘 하셨습니다. 제가 부족했죠. 우리, 결과에 대해 충분히 실망합시다. 그래서 무엇을 고쳐야 할 지 알아내 고칩시다. 그래도 힘냅시다. 우리가 국민의 사랑을 더 받을 길을 찾게 되길 희망합니다. 급히 떠나느라 동료 당직자, 보좌진 여러분들께 한 분 한 분 인사 못 드린 것이 많이 아쉽습니다.

저는 여러분과 같이 일해서 참 좋았습니다. 잘 지내세요.

2024. 4. 13. 새벽에 한동훈 올림

He'll be Back 2024. 04. 15~

조기 복귀를 바라는 국민들의 화환
그리고 한동훈의 메시지

현장 스케치

"저희를 지켜주신다고 하셨잖아요.
늦지 않게 돌아와 주세요. 기다릴께요."
필자는 화환 리본에 적힌 문구에 울컥했다.

한동훈 전 국민의힘 비상대책위원장의 총선 참패 책임
을 인정하고 사퇴한 후, 그에 대한 지지자들의 응원
화환들이 15일부터 계속되고 있다.

17일에는 서울 여의도의 국회 헌정회관 앞에 배치된 화
환들에 '한동훈 위원장님을 응원합니다,' '당신의 헌
신에 감사합니다,' '대한민국을 지켜주세요' 등의 응원
메시지가 담겨 있었고, 'LA 동료시민,' '두바이 동료시
민,' '대구 동료시민' 등 다양한 발신지에서 온 것으로
확인되었다. '동료시민' 이라는 용어는 한 전 위원장이
취임사에서부터 강조한 개념으로, 자유민주주의 사회
를 함께 이루어가는 시민들의 동료적 의식을 의미한다.

초기에는 허가 없이 배달되어 국회 측에 의해 치워졌
지만, 그 이후로도 화환 행렬은 계속되어 지지자들의
응원은 멈추지 않고 있다.

한동훈
now · 🌐

저의 패배이지 여러분의 패배가 아닙니다. 여러분은
정말 대단하셨습니다.

뜨거웠던 4월, 5,960킬로 방방곡곡 유세장에서 뵌 여
러분의 절실한 표정들을 잊지 못할 겁니다. 우리가 함
께 나눈 그 절실함으로도 이기지 못한 것, 여러분께 제
가 빚을 졌어요. 미안합니다.

저는 무슨 일이 있어도 여러분을, 국민을 배신하지 않
을 겁니다. 정치인이 배신하지 않아야 할 대상은 여러
분, 국민뿐입니다. 잘못을 바로잡으려는 노력은, 배신
이 아니라 용기입니다. 사심없고 신중하기만 하다면
요. 누가 저에 대해 그렇게 해 준다면, 잠깐은 유쾌하
지 않더라도, 결국 고맙게 생각할 겁니다. 그게 우리
공동체가 제대로 작동하는 방식일테니까요.

정교하고 박력있는 리더십이 국민의 이해와 지지를
만날 때 난관을 헤쳐나갈 수 있다는 신념을 가지고 있
습니다. 정교해지기 위해 시간을 가지고 공부하고 성
찰하겠습니다.

열흘이 지났습니다. 실망하시고 기운빠지실 수 있고,
길이 잘 안 보여 답답하실 수도 있습니다만, 그래도 같
이 힘내시죠. 결국 잘 될 겁니다.

15일 오전 서울 여의도 국회 담장 앞에 한동훈 전 국민의힘 비상대책위원장을 응원하는 화환이 놓여있다. 화환에는 '한동훈 비대위원장님 사랑합니다,' '선진국의 정치인 한동훈' 등이 적혀있다.

추천합니다

총선이 끝난 후 BJ톨 대표로부터 반가운 전화를 받았다. "4개월 전 이희천 교수님과 했던 대담영상(제목 : 한동훈, 민주당 위헌정당 해산 결정적 자료 대공개)의 조회수가 113만 명을 넘었더라고요"라는 말로 통화를 시작해 총선과정과 그 안타까운 결과를 두고 대화를 나눴다. 그리고 한동훈 비대위원장을 108일 동안 현장 취재하며 느꼈던 국민들의 뜨거운 열기와 환희 그리고 안타까움 등의 순간을 기록으로 남기기 위해 책을 만들고 있다며 추천사를 부탁했다. 이에 고민할 필요도 없이 쾌히 승낙했다.

먼저, BJ톨님이 전국적으로 한동훈 현상을 만드는데

숨은 공로자였다는 점을 칭찬하고 싶다. 그는 일찍이 한동훈이 정치세계에 뛰어들어 비대위원장을 할거라고 했는데 예측대로 한동훈 전 장관이 2023년 12월 26일 여당의 총선을 총지휘하는 비대위원장 자리에 올랐다. 그후 BJ톨님은 비대위 회의가 열리는 매주 월요일과 목요일 새벽에 출근하여 국민의힘 중앙당사에 도착, 출근하는 한동훈 비대위원장과 비대위원 들의 모습을 응원 하는 것으로 시작해 108일 동안 모든 전국 순회일정을 동행 취재하며 한동훈의 현장 열기를 모든 국민들에게 실시간으로 전달했다.

BJ톨님은 제가 국정원 교수 출신으로 종북세력의 실체를 알리는 국민깨우기 운동을 17년간 전개해온 것을 높이 평가해, 국민깨우기운동 교재로 만든 "국민들 모르는 사이, 공산화로 가는 대한민국(허물어지는 대한민국)" 소책자를 소개하는 방송을 여러 번 했고,

이 소책자를 한동훈 비대위원장에게 직접 전달하기까지 했다. 한동훈 비대위원장은 그날 비대위원 회의에서 '정통 민주당의 통진당화와 통진당 후신인 진보당과 선거연합'을 강력히 비판했다.

한동훈 비대위원장에 대해 긍정 평가하는 것은 그가 취임 후 좌파의 "정권심판론"에 맞대응해 "운동권청산론"을 선거 케치프레이즈로 내세웠다는 점이다. 국민의힘이 선거전 케치프레이즈로 사상전을 내세운 것은 처음일 것이다.

솔직히 총선과정을 되돌아 보건데, 김기현 대표체제, 인요한 혁신위원장체제를 거치는 동안 국민의힘 지지층은 상당한 패배주의에 사로잡혀 있었고, 여론조사 결과도 절망적이었다. 그런 측면에서 한동훈 비대위원장의 등판은 국민의 요구이자 시대적 필연이었다. 도저히 대안이 없었던 상황에서 조기 등판한 구원투수에게 많은 국민들은 환호했고, 많은 기대를 걸었다.

총선 결과는 108석. 실망스럽기는 하지만 개헌을 저지했다는 점에서 참으로 다행스럽게 생각한다. 어떻게 보면 전회위복의 계기일 수도 있다. 자유우파 국민들의 무사안일과 방심은 습관적인데, 만약 130석 이상을 차지했더라면 방심기제가 작동, 어영부영하다가 3년 뒤 대선에서 필패할 것이 명약관화하기 때문이다.

군은 전쟁에서 이기든 지든 반드시 전쟁과정을 기록으로 남겨 다음 전투에 참고하듯, 이번 총선에서 보여준 우파시민들의 열화와 같은 한동훈 현상을 기록으로 남기는 것은 정치전략상 반드시 필요하다. 이번 한동훈 현상은 우파진영의 대중정치운동 가능성과 이를 가능케 한 한동훈이라는 정치적 자산의 가치를 확인한 기회였으며, 법조인 한동훈을 정치가로 양성한 최적의 정치훈련소였다고 본다. 좌파세력은 노빠, 문빠, 개딸 등 팬덤현상을 높이 평가하고 이를 적극 활용하는 전술을 쓴다. 우파세력도 이러한 한동훈 팬덤현상을 최대한 활용하는 방법을 강구할 때다.

아쉬운 점 하나를 들자면 당의 고질병인 중도로 가는 전략이다. 지금은 체제전쟁인데, 사명감을 가진 소수는 소수가 아니다. 한명의 한동훈이 아니라 수백만명의 한동훈을 만드는 방법은 없었을까? 우군의 마음을 얻고, 이들이 가족, 친구, 지인 등 인맥을 통해 중도를 끌어오는 방법으로 외연을 확장하는 방법이 최적이 아닐까?

이희천

전 국정원 교수
자유수호포럼 공동대표
주민자치법반대연대 대표
한국자유총연맹 정책자문위원

추천합니다

지난 대선 때 23일간 전국을 돌며 윤석열 후보 유세 사회를 본 경험이 있어 선거운동 현장의 열기는 누구보다도 잘 알고 있습니다. 후보에게 집중하는 모든 시선 속에서도 유권자들의 열망을, 후보의 진심을 담아내기 위한 분들의 분투와 희열이 제눈엔 보입니다. 그 순간순간엔 늘 BJ톨이 있었습니다.

이 책은 그간 시민과 함께 걸어온 108일간의 역사를 기록한 것일 뿐만 아니라, 정치적인 참여와 봉사의 가치를 되새기고 국가 발전을 위한 시민들의 역할을 강조하며, 향후 세대에게 전하고자 하는 다양한 메시지를 담고 있습니다.

작가의 유튜브 채널 상단에는 '#밀알한톨' 이라는 채널 정보가 적혀있습니다. 그래서 'BJ톨' 일 것입니다. 밀알 한 톨은 어떤 것일까요? 과연 어둡고 숨 쉬기 어려운 땅속에서 썩어 없어지는 존재 아닌가요. 하지만 그것이 끝이 아닙니다. 싹을 틔우고 다시 땅 위로 솟아 많은 사람들의 양식이 되는 것이 밀알, 작은 밀알 한 톨인 것입니다. BJ톨은 그런 밀알 한 톨의 역할을 스스로 자처하고 그의 닉네임처럼 수많은 사람들의 양식이 돼 가는 과정에 담담하게 서 있습니다. 이 책은 그 밀알이 어떻게 싹을 틔우고 있는지 잘 보여주는 자전적이며 열정 가득한 서사라 할 수 있습니다.

지난 108일을 돌이켜 보면 치열하고 열정 가득한 날들이었습니다. 축제가 아닌 전쟁의 모습에 가까운 여정이었던 것 같습니다. BJ톨은 종군기자처럼 치열하고 뜨거운 전투 현장을 낱낱이 기록하는 기자이며, 작가이자 다큐멘터리 감독으로 전장을 누비고 다녔습니다. 그의 진정성과 용기에 박수를 보내고 싶습니다. 그 여정의 끝에서 작은 밀알 한 알이 세상에 나왔습니다. 이 밀알은 정의와 자유대한민국을 그리는 사람들에게 양식이 될 것입니다. 그리고 그 결실을 맺는 시점에 있어, 같은 내일을 함께 희망하는 동지의 한 사람으로서, 저에게 이렇게 추천하는 글을 쓸 수 있는 기회가 주어져 더없이 큰 기쁨이라 여겨집니다. 독자 여러분께 이 책 한 장 한 장, 작가의 시선으로 읽어 보시기를 추천해 드립니다.

마지막으로, 탁월한 노력과 열정으로 어느 한 순간도 놓치지 않고 모든 날들을 동행해주신 저자 BJ톨께 감사의 말씀 전하며, 더 큰 도전에 맞서고 더 나은 세상을 향해 나갈 수 있도록 앞으로도 더 많은 인사이트와 영감을 주는 작품을 다시 기대하겠습니다.

출간을 축하드리며, 혼신을 다해 함께해주신 동료시민분들께 진심으로 감사드립니다.

손동숙

국민의힘 부대변인 · 고양특례시의원

추천합니다

한강의 기적, 대한민국! 단시간에 급속도로 발전한 대한민국을 가장 잘 표현한 자랑스러운 말입니다. 불과 저희 부모님 세대가 겪었던 6·25 전쟁의 잿더미 속에서 경제적으로는 전세계가 놀랄 만큼의 선진국으로 눈부시게 피어올랐지만, 한 편으로는 아직도 대한민국은 작은 땅덩이마저 갈라져있고 국가 이념과 대치되는 공산세력과 맞닥들이고 있는 긴장이 흐르는 나라이며, 대한민국 내에서도 이념적으로 좌와 우가 극렬하게 갈라져 있어 항시 선거철마다 그 소용돌이 속에서 발전과 퇴보의 갈림길에 놓여져 있습니다. 그러한 정치적 소용돌이 속에서 알게 된 BJ톨님은 정치적 상황을 기민하게 잘 판단하는 능력을 지닌 분으로, 나라를 걱정하는 민초들의 진실된 소리를 전달하고자 비가 오나 눈이 오나 한결같이 발빠르게 종횡무진하는 분입니다.

BJ톨님과 인연이 닿았던 지난 문재인 정권 때를 되돌아 보면, 대한민국이 발전보다는 한 발 뒤로 퇴보한 형국에 처했었다라는 말 밖에는 할 말이 없습니다. 우선 제가 몸 담고 있는 의료계에서 바라 본 가장 큰 과오는 아무래도 코로나19 팬데믹일 것입니다. 코로나 발생 당시 재난 감염병 최초 대응에서 심각한 문제점이 많았고 그로인해 거의 3년간 온 국민이 건강은 물론 사회적 활동, 경제적 활동에 제약을 받고 나라가 멈추어버리는 사태를 초래했습니다. 의학적인 전문 의견은 온데간데없이 묵살되고 오로지 정치적 사안일 뿐인 것처럼 여러 초헌법적인 자유인권 침해가 스스럼없이 자행되었습니다. 이런 국가 전체 위기상황과 침체기에 빠져버린 것을 보면서 그저 좌시할 수만은 없어 바쁘게 활동했던 시절이기도 했습니다.

사회적으로는 청년들의 삶의 질은 어떻게 되었습니까? 우리 미래세대들의 삶이 좀 더 편하고 부족함 없이 되었습니까? 공정한 일자리 창출은 커녕, 느닷없었던 인국공 사태(인천국제공항 채용사태)를 일으키면서 미래만 바라보며 힘들게 시험을 준비하던 수많은 청년들에게 불공정에 대한 불신과 깊은 좌절과 허탈감을 안겨주지 않았습니까. 대한민국의 기조였던 공정한 기회 속에서 열심히 노력하면 보다 나은 삶의 열매가 온다는 개념이 흐트러졌고 코인이나 일확천금을 바라는 기형적인 사고방식이 팽배하는 청년들의 분위기가 나라 가득 조성되고 있습니다. 거기다 청년들의 월급으로는 범접조차 할 수 없게 치솟은 천정부지의 집값을 비롯해 결혼도 포기해, 아이를 낳아 기르는 것마저 포기하는 등 3포세대라는 안타까운 세대가 탄생하기에 이르렀습니다. 이러한 일련의 사회적 일들이 쌓여 결국엔 대한민국 건국 이래 부모 세대보다 못사는 자식 세대를 만든 정부라는 타이틀을 만들어냈습니다.

그럼에도 어느덧 시간은 흘러 걱정스러운 대한민국 현실 속에서 우리 국민들은 발전이냐 퇴보냐를 판가름짓는 제22대 국회의원 선거라는 선택 앞에 또다시 놓여지게 되었습니다. 다시금 대한민국을 다잡아 새롭게 나아갈 수 있는 기회의 시간이었지만 그 시간은 참으로 녹록치 않았던 거 같습니다. 녹록치않은 상황 속에서도 주야장천 활동하는 BJ톨님 영상을 통해 국민들은 총선 과정의 희로애락을 함께하며 위안을 받을 수 있었던 거 같습니다. 그 이유는 BJ톨님의 영상 속에는 바로 한동훈 비대위원장의 일거수일투족이 담겨 있었기 때문입니다. 하루빨리 정의를 실현하고 무너진 공정을 바로잡고 발전해가는 대한민국을 원하는 많은 국민들의 염원을 등에 업고 정치 새내기라는 타이틀이 무색할 만큼 국민의 뜻을 잘 파악하여 그에 맞는 속시원한 소리를 대변해주는 한동훈 비대위원장의 독보적 행보는 그간 아사리판 같은 대한민국 정치 속에서 한줄기 빛과 같은 역할을 톡톡히 해주었다고 생각합니다. 그저 한 때의 인기몰이로 반짝 등장했다가 소리없이 사그라지는 그런 인물이 아니라는 것은 한 위원장이 전국적으로 불철

주야 뛰면서 말과 행동으로 보여줄 만큼 보여주지 않았나 싶습니다. 자신이 할 수 있는 것은 다 하겠다는 불굴의 투지와 집념이 전해졌고, 마이크 밖에서는 아직은 때묻지 않은 맑고 순수한 마음이 느껴지는 그의 일상적인 모습들까지 특히나 BJ톨님의 영상을 통해 속속들이 국민들에게 전달되고 있었다고 생각합니다.

이 책은 치열했던 제 22대 국회의원 선거과정에서 한동훈 비대위원장의 열정과 투지, 고군분투하는 과정을 전국적으로 밀착취재한 과정을 담은 책으로, 비록 그 현장에 함께 있지는 못했어도 마치 그 곳에서 함께한 것 같은 생생한 현장을 느낄 수 있는 '108일 간의 대장정'을 그려낸 기록들입니다. 여전히 거세게 휘몰아치는 대한민국의 정치 폭풍우 속에 우뚝 서 있었던 한 사람, '인간 한동훈'의 모습을 가감없이 이 책을 통해 접할 수 있을 것입니다. 인간 한동훈을 여과없이 담아낸 이 책은 향후에도 대한민국 역사에 소중한 기록의 하나로 남을 것이라 생각하면서, 벅찬 마음을 담아 추천 드리는 바입니다.

홍서윤

경기도의사회 홍보위원회 홍보위원장
전 대한의사협회 홍보위원
전 국민의힘 서울시당 미래세대위원회 공동위원장

BJ톨

불의한 세력과 가짜뉴스가 만들어낸 정치 선동과 마녀사냥이 국민과 국가를 위기로 몰아넣는 현실을 목격하며 국민 한 사람으로서 미력이나마 힘을 보태기 위해 정치 세계에 첫발을 내디뎠다. 그러던 중 지인의 권유로 정치 유튜브 방송인 BJ톨 채널을 기획·운영하게 된다. 유튜브 전선에 뛰어들기 전까지만 해도 대기업과 중견기업에서 혁신팀장으로 근무하며 혁신 관련 대회에서 여러 차례 포상을 받은 적도 있다. 최근 BJ톨은 한동훈 비대위원장의 총선 여정을 지근거리에서 취재하며 라이브 방송을 통해 현장 이야기를 생생히 전달해왔다. 구독자는 2024년 4월 기준, 41만 남짓 된다.

한동훈과의 행복한 동행_동료시민과 함께한 108일

펴 낸 곳 투나미스
발 행 인 유지훈
엮 은 이 BJ톨©
기　　획 이연승 최지은
마 케 팅 전희정 배윤주 고은경
초판발행 2024년 04월 30일
2쇄발행 2024년 05월 30일
주　　소 수원시 권선구 서호동로14번길 17-11
대표전화 031-244-8480 | 팩스 031-244-8480
이 메 일 ouilove2@hanmail.net
홈페이지 www.tunamis.co.kr

ISBN: 979-11-94005-02-5(03340) 종이책
ISBN: 979-11-94005-03-2(05340) 전자책